错字的尖叫
细数那些被误解的错字

杨立新◎著

人民日报出版社

图书在版编目（CIP）数据

错字的尖叫：细数那些被误解的错字 / 杨立新著.
— 北京：人民日报出版社，2014.1
ISBN 978-7-5115-2362-4

Ⅰ．①错… Ⅱ．①杨… Ⅲ．①汉字－错别字－辨别－通俗读物
Ⅳ．①H124.1-49

中国版本图书馆CIP数据核字（2014）第010454号

书　　名：错字的尖叫：细数那些被误解的错字
作　　者：杨立新

出 版 人：董　伟
责任编辑：宋　娜　谢广灼
封面设计：尚书堂

出版发行：人民日报出版社
社　　址：北京金台西路2号
邮政编码：100733
发行热线：（010）65369527　65369509　65369510　65369846
邮购热线：（010）65369530　65363527
编辑热线：（010）65369521
网　　址：www.peopledailypress.com
经　　销：新华书店
印　　刷：北京中新伟业印刷有限公司

开　　本：710mm×1000mm　　1/16
字　　数：252千字
印　　张：15
印　　次：2014年1月第1版　　2014年1月第1次印刷

书　　号：ISBN 978-7-5115-2362-4
定　　价：36.00元

序　言

刘守安

（首都师范大学中国书法文化研究院院长、博士生导师）

　　中国的汉字与书写汉字所造成的"中国书法"是中华民族的伟大创造，汉字与书法构成了中国优秀传统文化的重要组成部分。我们九百六十万平方公里的土地是中国人栖息、生活的家园，到处遍布着华夏民族卓越文化创造的遗迹，到处撒落着汉字与书法——那独特的具有中华文化典型性的宝贵的文字符号。那些镌刻在石头、木头以及其他各种材料上的汉字，或作为命名而写，或作为"点睛"的文辞，与名胜古迹一起在漫长的历史岁月中成为中国文化的经典，同时也成为游客、观众、读者注目、识读、理解与观赏的对象。由此，对名胜古迹汉字题刻的误读、多义理解与过度阐释等可能就是经常发生的现象。本书作者就是在多方考察与搜集名胜古迹题刻文字的基础上，对名胜古迹题刻文字的误读现象进行了全面深入的分析和指谬。

　　名胜古迹中的题刻文字，往往是大书深刻、突出醒目，多为古代达官、学者、书家等精心书写。景观的设计、建造、命名，文字的书刻安排，都是有背景、有过程、有"故事"的，其中蕴含着创造者的智慧与追求，更蕴含着丰富的历史文化信息。那些题刻文字作为名胜古迹的"点睛"之笔，游客、观众、读者往往不满足于简单的、表面的文字识读，还想追询有关题字字迹的相关"故事"。应该说，这种探寻的心理，是一种知识的追求与文化的追问，其中关乎建造的历史意义与文化价值。从名胜古迹的研究者、管理者和导游讲解者来说，似乎也不满足于题刻文字的简单识读和书写者的一般介绍，总是想由字及人、由人及事，把"故事"、"背景"讲述得更具体、更生动、更圆满，以求把名胜古迹的历史意义、现实价值阐释得更充实、更多样、更丰富。这其中有以历史事实为根据的考索与论证，也有猜测、附会、曲解和编"故事"。有的"故事"有文献依据，有的则纯属臆断和臆说。历史现象、事件、人物距离今天越来越远，名胜古迹中的"故事"与传说越来越层积叠加。对历史文化现象的不同理解、不同记忆一定会造成"版本"歧义、"说法"繁多，实话实说与游谈戏说并行，真诚考述与牵强附会同在，删繁就简与添枝接叶交互；在"古人视古"与"今人视昔"交替的生活之流中，歧义纷出的文字释读有其必然性、客观性。从这里我们也可以看到名胜古迹、名碑名刻作为中华民族文化的精华与经典，在国人视域和精神生活中的显性存在。

作为处于现代、后现代的人们频频回望、不断述说的"文化景观"，显示了国人对民族"精神家园"的文化与历史的密切关注，对中国文字与书法的一往情深。外国人有"说不尽的希腊神话"、"说不尽的莎士比亚"、"说不尽的埃及金字塔"，我们更有说不尽的中华名胜古迹、文化经典和与之相关的"故事"。我们生活在"故事"中。人类总是把真切的事实变成一个个说不尽的"故事"，再从"故事"中导绎析理出事实、真相。越是被关注的现象，越是缠绕着无数的"故事"。中国的名胜古迹及其题刻文字之所以被称之为"名胜"、"名迹"、"名刻"、"名碑"，就是因为它们太著名、太为人关注，被无数次的说解与释读正说明其文化的魅力与影响。

对中国名胜古迹及其题刻文字的误读、歧义纷出还源于中国文字本身的复杂性。世界上没有哪一种文字像中国的汉字一样具有丰富的文化内涵和造型之美，没有哪一种文字像中国的汉字一样具有形音义的复杂性与多变性，因此，名胜、名迹题刻文字虽然往往只有寥寥数字，却歧义纷出，代有新解，因人不同。我们知道，中国文字在几千年的发展过程中字体、书体不断变化，唐以后篆隶楷行草多种字体的并用和通用，每一个汉字都有古体、今体、正体、异体、俗体等不同的字形结构；不同的书刻者又会书刻出点画结构、书体风貌不同的汉字，这会对识读与会意造成一定困难。其次，中国古代名胜、名迹的题字为当时人所书刻，面对的是当时的"当代"观众与读者。而历史长河不断向前，时过境迁，当时的"当代"变成了"古代"。这古代的字迹与当代的观众、读者相遇，错位的主客体间有新的"读法"、"说法"就在所难免。再次，中国古代能书写、识读和使用汉字的人占极少数，汉字形音义的复杂性和变化性，使中国大多数人对汉字具有一种神秘感。人们往往从汉字结构、汉字的点画中猜测其微言大义，附会、"复活"书刻者的特殊场域与特殊动机，在一些似是而非的"背景"、场景与传说中解说汉字的形、音、义，或者把天地、神鬼、特定人事与汉字符号的点画、结构联系起来，敷衍"故事"，曲意解说，以至人言言殊，却忽视了探究汉字本身发展变化的规律，以及从字源及其演变中对汉字字形进行考释。本书的作者正是基于汉字的创造与发展规律，结合每一个具体汉字的字源及其演变，做了对中国名胜古迹题刻文字进行正读释义的有意义的工作。

本书作者杨立新是《人民日报》的资深编辑、记者，先后获得了新闻学和书法两个博士学位。他具有对中国古代文化、文字、文学等方面扎实的知识与理论，特别是对中国汉字与书法有深入研究。作为他的博士生导师之一，我了解他在学习和研究中的勤苦与勤奋，认真与求真，好学与博学。他以专业、职业和敬业的精神，不辞其劳，对其考察过的中国名胜古迹的题刻字迹的误读现象进行搜集、考索，旁征博引，不厌其烦，校字如雠，取正指谬，显示了对中国文化、文字的敬畏与热爱。这是一本具有可读性、知识性与学术性的好书。

2014 年 1 月 16 日于首都师范大学

目录

错字辩诬篇
不识庐山真面目

- 3　戏说孔府楹联斯文何在？
- 7　乱解"苏堤春晓"令人喷饭
- 13　磐陀石下文字辩
- 17　聪明泉咋把人整糊涂？
- 20　孔子墓前闹文字笑话
- 25　云居寺"怪字"难倒专家
- 30　山海关人为啥字争论不休？
- 35　书院怎成了没文化的地方？
- 39　怪哉！两名校学生不识校名校训
- 46　康熙为何写三点水的"魚"？
- 52　蒋介石："烈"字少一点，烈士少一点？
- 56　李敖少见多怪纠"错字"

错字平反篇
玉宇澄清万里埃

- 63　武夷山的文字冤案
- 68　真娘为何成了"假娘"？
- 73　欧阳修："文章太守"咋成"风流太守"？
- 79　"峰"字暗藏康熙寻父秘密？
- 84　"碑"字少一撇是林则徐自寓丢"乌纱"？
- 88　郭沫若50年后的文字公案
- 93　为"出现最多的错字"平反
- 98　"天下第一错字"原是谬说
- 102　扬州个园里的怪字
- 106　西递"错字联"本无错误
- 109　被误读的平遥古县衙
- 112　宜昌要给大书法家米芾改"错字"？

错字解谜篇
乱花渐欲迷人眼

- 121 趵突泉的500年难解之谜
- 129 试解"碧山吟社"之谜
- 134 再探颐和园"复殿留景"背后秘密
- 138 神秘大佛的神秘文字
- 142 聚讼纷纭的比干墓碑
- 146 "徐园"中藏有一只虎？
- 151 绍兴沈园"井"中探秘
- 154 济南名士轩上的"三点"谜团
- 157 长寿石让人过一年小一岁？
- 160 白马寺解"文字禅"
- 163 登华山想起了孔乙己
- 167 曹操唯一传世书法竟有错字？

错字辨惑篇
山重水复疑无路

- 173 栖霞寺的文字之争
- 178 李白遍地被"壮观"
- 184 乾隆去"巫"为哪般？
- 188 李鸿章：错字暗藏"中国梦"？
- 192 张謇为何写三条腿的"馬"？
- 196 风雨沧桑话"国"字
- 202 辨"善"
- 205 古人为何爱"缺德"？
- 210 古人为何喜"少慧"？
- 214 想说"第一"不容易
- 219 "琅琊"变身几不识
- 226 从"厦"字看古今人的不同心理

- 230 后 记

错字辩诬篇

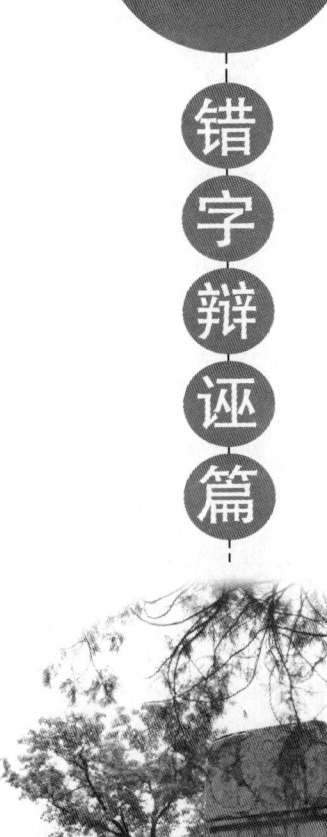

不识庐山真面目

戏说孔府楹联斯文何在？

在山东曲阜的孔府大门旁，有一副天下闻名的楹联，此联传为清代大学士纪晓岚所书，联语为："与国咸休安富尊荣公府第，同天并老文章道德圣人家。"该联书文俱佳，与孔府大门正上方的一块蓝底金字的"圣府"匾额交相辉映，堪称孔府一宝。

▲ 曲阜孔府大门楹联

然而，这副楹联的上下两联中各有一字与我们现在的书写要求不一致：上联中的"富"字少了一点，宝盖头成了秃宝盖；下联中的"章"字一竖直通上面的"立"部。同时两字都不是繁体字，故很多人认为是错别字。

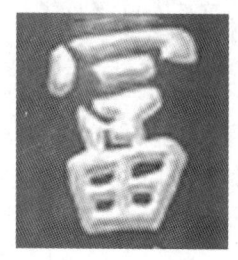
▲ 少点的"富"

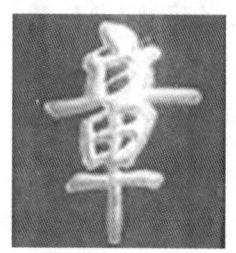
▲ 出头的"章"

但是，诸位有没有想一想，堂堂"河间才子"、《四库全书》的总纂官纪晓岚会写错字吗？更何况还是挂在"天下第一家"衍圣公府的大门上。于是便有人认为这是纪晓岚有意写错字。为什么写错呢？因为这其中暗藏玄机。

他们是这样解读的：上联"富"字上面少一点，叫做"富贵无顶"；下联"章"字一竖破日而出，叫做"文章通天"。因此一说，还有人将其列入"最有文化的错别字"。

居然还有人编出这样的故事加以戏说。称孔府的这两个错字是神来之笔，系仙人指点。相传在孔子第42代孙孔光嗣成亲那一天，恰有神仙路过，看到孔府前影壁上的"富"字，便把"富"字上的一点抹去了。孔家怪之，神仙道出了玄机：孔家不宜过富，要"去一点"。

于是这种说法便天天在导游的嘴里像留声机似的被反复播放，一些游客不以为怪，反而频频点头，赞许称好。

我们姑且不论这种庸俗的解读是否符合儒家的礼乐教化，是否有损于孔子"德侔天地、道冠古今"的圣人风范，仅就文字本身而言，就是强不知以为知，见了骆驼就说马肿背！

▲ 《宋四家书法字典》中的"富"字

其实在古代，"富"和"章"这两种写法都是非常规范的，它们都作为两字的俗字或通字被广泛使用着，只是后来在汉字的简化过程中被淘汰掉了。

我们首先看"富"字。在唐代颜元孙的《干禄字书》[①]中收录了这种不加点的"冨"字，指明为正体"富"的俗字。但在实际使用中，这种俗体写法却颇受古人青睐。为了进行量化比较，本人特摄取了《宋四家书法字典》中的"富"字(见上页图)，可以看出，在15个"富"字中，不加点的为8个，加点的为7个，不加点的多于加点的。

在全国其他一些景区，还可以看到这种不加点的"冨"字。如云南省通海县河西文庙有一副"错字联"（见右图），其上联"数仞宫墙有宗庙之美百官之冨"的"冨"字也少了一点。不知是巧合还是抄袭，当地也认为有"富贵无顶"的寓意。

我们再看出头的"章"字。在古代碑帖中，这种写法广泛出现在隶、楷、行

▲ 通海河西文庙"错字联"

[①]《干禄字书》，唐代颜元孙撰。颜元孙，颜真卿之诸父。官至滁、沂、濠三州刺史，赠秘书监。大历九年，颜真卿官湖州时，尝书是编勒石。《干禄字书》是收录唐代俗文字的一部字书，每字分正、通、俗三体，对于研究古代汉字有重要参考价值。

诸体中。《干禄字书》中也收有该字，注明为正体"章"的通字①，就是说在当时沿用已久。下面这些"章"字均出自中国书法史上的著名碑帖——

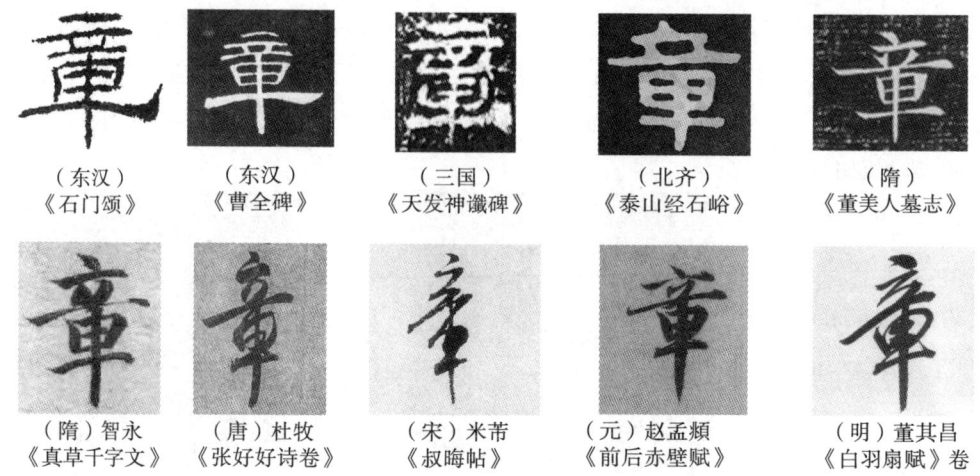

（东汉）《石门颂》　（东汉）《曹全碑》　（三国）《天发神谶碑》　（北齐）《泰山经石峪》　（隋）《董美人墓志》

（隋）智永《真草千字文》　（唐）杜牧《张好好诗卷》　（宋）米芾《叔晦帖》　（元）赵孟頫《前后赤壁赋》　（明）董其昌《白羽扇赋》卷

这种出头的"章"字在全国更是比比皆是。如黄山鳌鱼峰上的"大块文章"摩崖石刻，为老同盟会会员邹鲁于1937年所题，用的也是这种出头"章"。当地导游也称是错字，说这是邹鲁希望他的后代子孙早日出头，飞黄腾达。

▲ 黄山鳌鱼峰"大块文章"摩崖

正所谓"古人未必然，而今人未必不然"，今天我们在阅读古代文献的时候，常常会犯这种以今度古、以己度人的错误。今人若不误读古人，就要埋下头来，潜心研究祖先留给我们的宝贵历史文化遗产，这样才不会做有辱斯文的事情。

孔子周游列国，被匡人围困时曾说："天之将丧斯文也，后死者不得与于斯文也！"在孔孟之乡、礼仪之邦发生这种事情，可发一叹！

---

① "所谓'通'者，相承久远，可以施表奏牋启、尺牍判状，固免诋诃。"——《干禄字书》。

乱解"苏堤春晓"令人喷饭

苏堤春晓为杭州西湖十景之首,北宋苏东坡任杭州知府时,曾疏浚西湖,取湖泥葑草堆筑而成,故称苏公堤。在苏堤御碑亭内,立有一通"苏堤春晓"石碑,只因康熙皇帝"与众不同"的书写,竟被戏说乱解到令人喷饭的地步。

尤为珍贵的是,"苏堤春晓"碑,为西湖十景中唯一的原始石碑①,故历史文物价值极高。与我们习见的汉字书写方式不同的是,康熙皇帝将"苏"字的繁体"蘇"写成了"蘓",草头下面的"鱼"、"禾"位置对调;"堤"字写成了"隄","土"旁成了"阝"旁。

▲杭州西湖"苏堤春晓"碑

对此,2007年9月25日香港《文汇报》在副刊《豆棚闲话》专栏中,刊登了《趣谈名人题词的错别字》一文,其中有这样一段文字——

---

①康熙御笔手书的西湖十景石碑,"文革"中多被砸毁,"苏堤春晓"石碑是碎成三截后拼接起来的。

在杭州"苏堤春晓"景点的碑上文字,也是康熙帝御笔亲题的,但文革时被毁坏了,后补修重立。当年的"苏"字和"堤"字都是错字。"苏"字是草头之下,"禾"右"鱼"左,而碑上的"苏"字却是"鱼"右"禾"左。传说苏东坡特别爱吃鱼,每次吃鱼的时候,如果侍者把鱼放在左边,他可以把整盘的鱼吃完,如果放到右边则生气,因为苏东坡是"左撇子",所以康熙故意把鱼写在右边,以此纪念苏东坡;而"堤"字则把"土"旁写成"耳"旁。一是因为中国文字讲究象形,"耳"的字形与苏堤的地形相似;二是意境贴切,在苏堤上可以听到六种声音:鱼跃水声,风吹柳声,鸟儿鸣声,知了蝉声,蟋蟀叫声,游人步声。后来碑上这两个字被编入《康熙字典》。

上文除介绍"苏堤春晓"碑的历史遭际属实外,其余的均为胡编乱造,荒谬绝伦。事实上,"蘇"和"隄"根本就不是什么错字。

其实,"蘇"字早在唐代颜元孙的《干禄字书》中即有收录,并注明"蘇"为"蘇"的俗字。在古代,一些汉字的左右部件可以互换调用。"蘇"字这种"鱼"、"禾"对调的写法,在秦代的陶盖文"苏解为"①中即已出现。

▲秦"苏解为"陶盖文拓片

另外,"蘇"字这种写法在隶、楷、行、草诸体中都有使用。

---

① 据近人陈邦怀先生考证:"苏解乃陶工之姓名,物勒工名是也。"认为"为"当解释为"造",秦人言"为"而汉人言"造",故他考证"苏解为"陶盖应为秦代之物。"苏解为"三字似陶工以木棒类工具率意在泥坯上随手刻画而成,虽为篆体结构,却不似官体文字中工整的篆书,应称作"草篆"。

不识庐山真面目 错字辩诬篇

（东汉）　　　　（东晋）　　　　（隋）　　　　　（隋）
《徐氏纪产碑》　　王羲之　　　《苏孝慈墓志》　《龙藏寺碑》

（明）莫是龙　　（明）张瑞图　　（清）刘墉　　　（清）吴让之

下面，我们再看清末民初的书法家杨守敬（号"邻苏老人"）和当代书家苏士澍先生的落款，所用的就是俗体的"蘇"字。

▲"邻苏老人"和"苏士澍"的落款

更为可气的是，编造者为了自圆其说竟胡诌苏东坡是"左撇子"。苏东坡的书法"左秀而右枯"，缘于其写字时"腕著而笔卧"，史书上并无苏东坡是"左撇子"的记载。现在，社会上流传着苏东坡是"左撇子"的说法皆由此出。

关于"隄"字，唐代《干禄字书》注明为正字，而我们现在所使用的"堤"却为俗字。由此我们知道，两字早已有之，并非因康熙题碑才编入《康熙字典》的。另外需要加以澄清的是，"隄"字不是"耳"旁而是"阜"旁，与耳朵没有任何关系，所谓苏堤上可以听到六种声音的说法也就不攻自破了。

在现代汉语教学中，"阜"旁常被形象化为"左耳旁"，"邑"旁则被形象化为"右耳旁"。这本无可厚非，但一定要知道其来源和本义。在汉字的隶变和楷化过程中，"阜"旁和"邑"旁都变形为"阝"部，只不过一个在左，一个在右。所以在教学中，我们一定要告诉学生，"左耳旁"叫阜字旁，都与山有关，如陵、隅、阿、阳、队、除、陷等；"右耳旁"叫邑字旁，都与城邑有关，如邓、邢、郑、郭、邻及邯郸等。

那么，"阜"是何意呢？东汉许慎的《说文解字》解释为："阜，大陆也。山无石者，象形。"可知，"阜"的本义为土山。

下面是"阜"的字形演变过程：

甲骨文	金文	篆文	隶书	楷书	行书	草书	标准宋体
∃	∃	缺	阝	阜	阜	阜	阜
甲3936	菁3.1	暂缺	说文解字	鲁峻碑	张从申	王羲之	扬维桢	印刷字库

由上图我们可以看出，"阜"的甲骨文和"山"的甲骨文很相像，将向右旋转90度，也就成了。

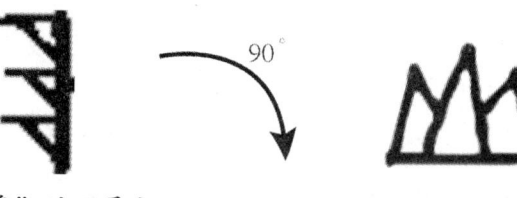

▲"阜"的甲骨文　　　▲"山"的甲骨文

《说文解字》对"隄"的解释为："隄，唐也。""唐"即塘，为塘的古字，塘为后起字。《广韵》的解释是："隄，防也。"而《汉语大字典》则明确为"沿江河湖海用土石等修成的挡水建筑物"。看来，正体字"隄"才更符合其字意，而俗体的"堤"仅取其"土"而失其高。这也是当代书法家沙孟海先生题写的"苏隄"（见左图），为何取"隄"而舍"堤"的原因。

此外，还有扬州瘦西湖二十四景之一的"长隄春柳"匾额，为晚清书画家陈重庆（1845—1928年）所题，用的也是"隄"字。（见下页图）

▲沙孟海先生题写的"苏隄"

不识庐山真面目　错字辩诬篇

▲扬州瘦西湖"长隄春柳"匾额

文章写到这里似乎可以结束了，然而还没有完。以上是就"苏堤春晓"的碑阳题字闹出的笑话。没想到，对其碑阴文字的释读更让人大跌眼镜！

在"苏堤春晓"的碑阴上，还有乾隆皇帝题写的一首七言绝句诗（见下页图），因而"苏堤春晓"碑是非常珍贵的康熙、乾隆两帝合题的"爷孙碑"。由于石碑残损加之乾隆使用了古字，故人们对其碑阴文字，多释读不全。

2008年5月3日，杭州《都市快报》在3版头条刊登了一篇题为《杭州有位大伯 苏堤说乾隆 说了好几年》的报道。说有位大伯经常在"苏堤春晓"的御碑旁，为游人讲解乾隆帝在御碑上的题诗，说完后，会开口向听众讨要"茶水"钱。

▲2008年5月3日杭州《都市快报》

关于这位大伯，记者采访了在苏堤巡值的景区保安员郑师傅："他水平很好，介绍起来就像老底子里的茶馆说书人，非常有趣。"郑师傅说此话时，"脸上露出一种佩服的表情"。

11

那么这位大伯是怎样讲解碑阴上的题诗的呢？

下面是《都市快报》向社会公布的乾隆这首御诗的释文：

通守钱塘祀大苏，
取之无尽适逢吾。
长堤万古传名姓，
宵让夷光擅此湖。

相信您看后一定如堕五里雾中，贵为帝王的乾隆为何要来到杭州"祀大苏"[①]——祭祀苏东坡？

对照碑文，原来是个"记"字。首句"通守钱塘"，出自苏东坡的《别天竺观音诗》序："余昔通守钱唐（塘），移莅胶西。"通守职位次于太守，佐理郡务，亦称通判。苏东坡曾在杭州当过通判，故乾隆皇帝来到苏堤，提起杭州的父母官首先记起的就是苏东坡。

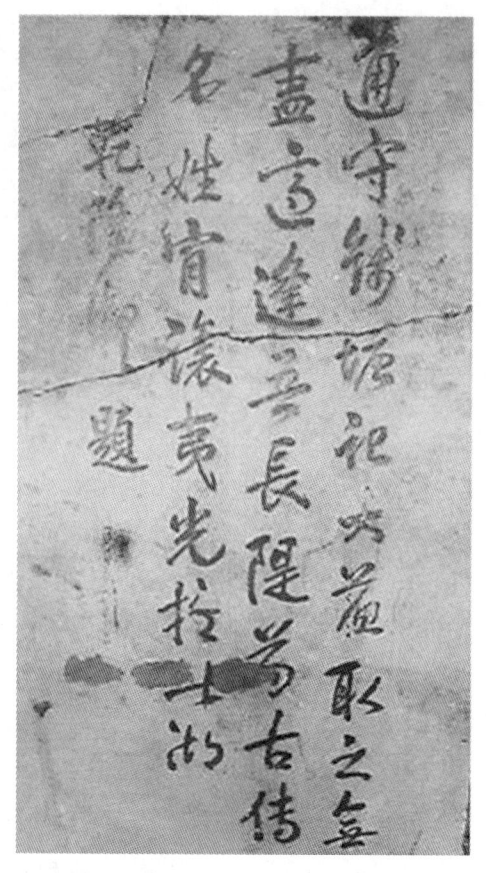

▲"苏堤春晓"碑阴乾隆御题诗

再就是最后一句中的"宵让"，"宵让"作何解？相信这位大伯自己也不清楚。

其实，这是"肯让"之误。乾隆"肯"字的写法源于"肯"的古文 ⦿ 。这句中的"夷光"指西施，西施本名施夷光，因家住诸暨苎萝村西，故名西施。而西湖又叫西子湖，西施也叫西子，所以在名称上就被西施给专有了。"肯让"在这里表达的是"哪里肯让"的反诘语气，意思是说西湖不仅是你西施的西湖，也是苏东坡的西湖，苏东坡疏浚西湖构筑苏堤，美名岂能让西施一人专擅呢？

看来，这位大伯在苏堤说乾隆说错了好几年。当然我们也不能对他深加指责，应该指责的是以引导舆论、传播知识为己任的媒体。在戏说、胡说、乱说满天飞的今天，我们的媒体人要有鉴别力和责任心，不能人云亦云，亦步亦趋，否则很容易成为错误文化和不良文化的传声筒和放大器。

[①]大苏、小苏指苏轼、苏辙弟兄。

磐陀石下文字辩

在我国佛教四大名山之一的浙江普陀山，有一块被誉为"天下第一石"的磐陀石，它左右悬空，凌空孤峙，石身与底座衔接处间隙如线，似连若断，看似摇摇欲坠、险如滚卵，实则稳如磐石，堪称普陀山一大奇景。

磐陀石上有明代万历年间的抗倭将军侯继高题写的"磐陀石"三个擘窠大字，笔力遒健，势如飞天。然而，不知从何时起，却流传着"一块磐陀石，居然三个字中就有两个错字"的说法。

2001年4月我去宁波采访，顺便去普陀山一游。行至磐陀石下，导游介绍说："大家看，'石'字上多了一点。据说侯将军题字时，大石左右摆动，摇摇欲坠，于是他在石字上加了一点，磐陀石便稳稳当当地固定住了。"

一听就知道这是旅游景点编造的人文传说，姑妄言之姑妄听之，让游客增添游兴和谈资，亦无不可。我缄默不语，付之一笑。

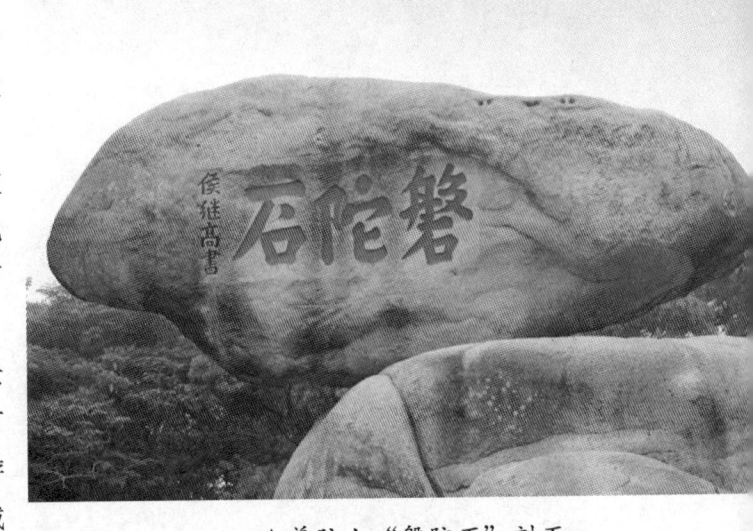

▲普陀山"磐陀石"刻石

没想到导游意犹未尽，又介绍了另一版本的说法："又有说侯继高当时在定海一带领兵抗倭，题字的时候，刚好是舟山沿海受倭寇侵扰、部分领土被占领的时候，他觉得舟山领土不全，故而'磐'字的'舟'上少写了一点。等后来舟山收复的时候，侯将军又被请来加这一点，加之前他感慨踌躇了半天，正要写的时候，突然刮起了一阵大风，身子往侧里弯了一下。结果点是点了，不过，因为这一弯，却点到了'石'字上，因此就造成了'磐'字中的'舟'少一点，而'石'字多一点我们现在看到的样子。"

错字的尖叫

此说有鼻子有眼,好像亲眼目睹一般,实则荒谬绝伦,确有辩白一番的必要。我便上前问她:"'磐'字哪儿少一点了?"她手指一扬说:"瞧,那个'磐'字里的'舟'中原本是两点,现在只有一点了,你没看见吗?"我恍然大悟,她是把"舟"下那一点当成钩了[①](见下图),所以才敷演出了"磐"字少一点,"石"字多一点的说法。

既然开口了,我索性就与导游说道说道,"'石'字多一点那是'石'的古文写法,不仅多一点,多两点也可以的。"

以上是我在磐陀石下与导游发生的一场文字辩论。口说无凭,今个还需要引经据典论证一番。

无独有偶,2011年福州乌石山风景区也爆出了与磐陀石一样的"石"字。2011年5月26日福建《东南快报》刊登《乌石山的石字多了一点 很多人说是错别字》一文,称新剪彩的乌石山风景区,很多游客对"乌石山"刻石上多一点的"石"字议论纷纷,认为是个错别字。其实,"乌石山"三字是从元代大书法家赵孟頫的法帖上翻刻下来的。

▲福州乌石山风景区"乌石山"刻石

---

① "磐"字因结构复杂,各部分之间需要避就相让,故"舟"可以不出钩。

如前所述,"石"字还可以加两点(或两横)。下左图是清代乾嘉年间宫廷编纂的大型著录文献《石渠宝笈》中的用印,其中"石"字上有两短横。

以上是篆书写法。在明末清初的书法家王铎的《赠文吉大词坛行书轴》中,"石"字加了两点(下右图)。

▲"石渠宝笈"印文　　▲《赠文吉大词坛行书轴》中的"石"字

另外,这种加点的"石"还出现在其他"石部"的字中。如四川成都青羊宫二仙庵的山门上,由康熙御题的"丹台碧洞"匾额,"碧"字的"石"旁就有一点。当地导游说,这是康熙赞美这里比其他地方多一点风景。

▲成都青羊宫"丹台碧洞"匾额

关于"石"字,《说文解字》的解释为:"山石也。在厂之下;口,象形。凡石之属皆从石。"清段玉裁在《说文解字注》中还指出"店"为"石"的古文。

关于古文"石"字，明张自烈在《正字通》中称："同'石'。隶加一点，象碎石形。"现在明白了，"石"字中的那一、两点原来指的是碎石。口为大石，点为小石，古人造字何其周详！

《正字通》讲的是隶书，我们再看明末闵齐伋《六书通》中收录的古篆"石"字，其中有加一横的，有加两横的，也有不加的。无论哪种写法，都不算错字。

说了这么多，最后再回到正题。侯继高题写的"磐陀石"，为何要用多一点的古文"石"字呢？显然不是随意而为。因右侧的"磐"、"陀"两字笔画较多，"石"字有些压不住，故借此一点以求得平衡。古人写字讲究字字有出处，一般不会写错字（魏碑除外）。所以一旦出现了与现行汉字不符的情况，我们需要具备一定的文字学知识和书法常识来判断，不要随便就往歪处想。

聪明泉咋把人整糊涂？

在江西庐山的东林寺前，有一泓一米见方的泉池，从岩石罅隙间涌出一眼晶莹清澈的细泉。据地方志记载，这泉久旱不涸、久雨不溢，一年四季水位始终不变。泉边青石墁地，游人站在青石板上俯瞰泉池，便会发现自己的身影连同翠竹、蓝天、白云一齐倒映在明亮的泉水里，顿时感到兴味盎然。

聪明泉原名古龙泉。相传东晋时荆州刺史殷仲堪到东林寺拜访慧远大师，二人行至山脚下，见此处苍松翠柏，泉水潺潺，便于泉旁谈《易》。殷将军博学善辩，口若悬河，语如珠玑，慧远大师指泉赞道："将军之辩，如此泉涌；君侯聪明，若斯泉矣！"从此古龙泉便改名为聪明泉。"一勺如琼液，将愚拟圣贤。"①

▲庐山东林寺聪明泉

古往今来，几乎所有到东林寺览胜的游客都要饮上一瓢聪明泉水，从南唐中主李璟到"江西诗派"领袖黄庭坚，再到驻跸"夏都"庐山的蒋介石，人们都希望借助聪明泉水给自己带来灵慧和好运。

在聪明泉的石栏旁，卧有一通北宋大书法家黄庭坚题写的"聪明泉"石碑。

---

①见唐皮日休《聪明泉》诗。

三字介于楷、行之间，端凝厚重，沉着有力，点画顾盼呼应，和谐一体。据说元丰三年(1080年)两次遭贬的黄庭坚回家乡途经此地，看到藏经楼后一眼清泉，就用双手掬起饮用，只觉一股凉意沁人心脾，心神为之一爽，不觉大悦，便欣然提笔写下了"聪明泉"三个大字。

▲ "聪明泉"石碑

可是，就在这聪明泉边，很多游客却被导游给整糊涂了。

请听导游的介绍："各位朋友，请留意'聪明泉'这三个字，是不是错别字呢？不是，它只不过是书法家黄庭坚故意题写的生造字罢了。那三个字到底有什么讲究呢？大家看黄庭坚把'聪'字一边的'总'字生造成了'公'、'心'二字，意为'公心为聪'。他认为，做人都必须有一颗公正的心，为官要公正廉洁，为民要心地善良，只有这样才不枉为聪明人。至于'明'字自古就有三种写法：一是光明之明用'日'字边；二是眼明之明多用'目'字边；三是听得明白之明用'耳'字边。这里所用的'耳'字明，大家猜，是不是诗人在提醒我们各位，你们听得明白了吗？"①

真所谓"你不说我倒还明白，你越说我越糊涂了"，导游认为"聪明泉"中的"聪明"二字写法极为独特，大有深意。黄庭坚故意将"聪"字的右边写成上公下心，意为"公心为聪"。其实在古代，这是一种很常见的写法，在隶书、楷书、行书中都有使用，请看下面的字例——

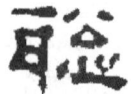
（东汉）
《郭有道碑》

（北魏）
《石婉墓志》

（东晋）
王羲之

（唐）
欧阳询

①见《庐山导游词》。

（唐）
褚遂良

（元）
赵孟頫

（明）
王宠

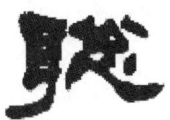
（清）
赵之谦

关于"聪（聰）"字，许慎《说文解字》的解释为："聰，察也。从耳，悤（cōng）声。"本义是通过听觉来审察是非真假。另外，"聰"还有两个异体字，唐代颜元孙的《干禄字书》收录了"聡""聦""聰"三种写法，指出"上、中通，下正"，即"聡"、"聦"为当时的通字，而"聰"则为正字。另外，早在南朝梁代顾野王的《玉篇》中即收"聡"字为"聰"的俗字。看来，所谓的"公心为聪"之说纯属望文生义。

那么，"聰"为何写作"聡"呢？其实，"恖"是"悤"的草书"怱"的楷化。后来，草书楷化也成为汉字简化的一种方式。

最可笑的是关于"明"字的解释①。真是海外奇谈，竟然还有"耳"字边的明！清代段玉裁在《说文解字注》中列出了"明"字的三种写法："朙、眀、明"。这其中，"朙"为正体，"明"为通体，"眀"为古体。"聪明泉"的"明"在古代是最为通行的写法。

那么，导游为何将"目"旁的"眀"说成了"耳"旁呢？看了黄庭坚写的"明"字，我不禁恍然大悟，哑然失笑。原来黄庭坚将"目"下一横写成了一提，这其实是行笔的需要，为的是与"月"的"丿"笔画虚连。但上面的一横并没有出头啊，再比较一下旁边"聪"字的"耳"旁，区别还是很明显的，不知导游为何还要指"目"为"耳"？

说来也巧，近日我偶然翻阅唐代的《等慈寺碑》字帖，发现其中也有"聪明"二字，与"聪明泉"的写法如出一辙。可知古人写字讲究字字有来历。

郑板桥老先生有言："聪明难，糊涂难，由聪明而转入糊涂更难。"不过还是希望大家都由糊涂而转入聪明，不要被人家给忽悠了！

▲（唐）《等慈寺碑》

---

① 关于"明"字，参见《为"出现最多的错字"平反》一文。

孔子墓前闹文字笑话

几年前,我与家人去山东曲阜参观"三孔"(孔府、孔庙、孔林)。在孔林的孔子墓前,就听旁边一位导游指着墓前一通高大的墓碑介绍道:"大家注意没有,孔子墓碑前有一道矮墙,将墓碑上的'大成至圣文宣王墓'遮去了一部分,只露出'大成至圣文宣干','王'字底下的一横不见了。这是什么缘故呢?原来历代帝王祭拜孔子时不能二王对拜,孔子的后人故意嘱咐工匠把'王'字的一竖拉得特别长,这样皇帝来祭祀孔子的时候,从正面就看不出来是个'王'字,而是'干'字了。"

▲孔子墓和孔子墓碑

我们姑且不论这一说法是否于史有征,仅就"王"字的书写而言,就甚为荒谬。因墓碑上的字体为小篆,如果"王"字下端不拉长,那就不是个"王"字,而成了"玉"字了。

"大成至圣文宣王墓"这八个篆字,由明正统八年(1443年)著名书画家黄养正所书。黄养正官至中书舍人、太常少卿,当时朝廷的碑刻、宫殿的坊匾多出其手,因此对于书碑者的能力和水平我们不应有任何怀疑。

为了便于区分"王"字和"玉"字,我们有必要从字源上对它们进行一番比较。

"王"的字形演变:

甲骨文	金文	篆文	隶书	楷书	行书	草书	标准宋体
佚386	甲426	大丰簋	颂簋	说文解字	孙膑21	张从申	王铎	王羲之	印刷字库

"玉"的字形演变:

甲骨文	金文	篆文	隶书	楷书	行书	草书	标准宋体
佚704	粹12	乙亥簋	说文解字	史晨碑	张猛龙碑	欧阳询	王守仁	印刷字库

从上面两字的字形演变我们可以看出,在甲骨文中,"王"和"玉"的区别很大,甲骨文的"王"是一个站立的人形,字形有点像"立"字;而"玉"字在甲骨文中是三横或五横加一竖,竖画上下出头,表示一根绳子穿系住美丽的玉片,就像我们今天出土的新石器时期的串饰一样,这是象形的产物。到了金文,两字都变成了三横一竖,"玉"字的三横比较均匀,竖画也去掉了上下出头;而"王"字的下面一横很有特点,为斧钺之形,隐喻君王的权力。再到小篆,"王"字的三横与"玉"字一样都比较均匀,不同的是,"玉"字的一竖上下等距离,而"王"字的一竖上短下长。再经过隶变和楷化,两字楷书的三横一竖全无二致,三横距离均相等,唯一不同是"玉"字的右下方加了一点,盖其意指玉上的瑕疵,这样"玉"和"王"就彻底分开了。

由此我们可以知道,在小篆中,"玉"和"王"均是三横一竖,三横之间等距离的为"玉",正如唐代篆书大家李阳冰所言:"三画正均如贯玉也";而第三横距第二横较远的是"王"。如下左图的斋号我们只能读作"碧玉轩"而非"碧王轩";下右图的人名应读作"王陈湘"而不是"玉陈湘"。

错字的尖叫

▲碧玉轩　　▲王陈湘

所以,"王"和"玉"虽均为三横一竖,却大异其趣,大有讲究。关于"王"字的三横一竖,许慎在《说文解字》中解释为"天下所归往也"。同时引用董仲舒的话说:"古之造文者,三画而连其中,谓之王。三者,天地人也。而参通之者,王也。"意思是说,三横象征天地人,王就是贯通天地人的圣主。孔子也说过"一贯三为王"。这是中国古代天人合一理念的体现。

关于"玉"字的三横一竖,《说文解字》释为:"象三玉之连;一竖,其贯也。"也就是说,"玉"字的三横像三块玉片连接在一起,其中的一竖表示穿玉的绳子。

那么,孔子墓碑上的"王"字那一长竖,下端是否是刻意拉长的结果呢?我们还是看看权威版本的"王"字吧。

下左图为西周金文《散氏盘》上的"王"字。由此我们知道,早在西周时期,"王"字的下竖就变得很长了,其目的就是与"玉"字相区分。

再看东汉私印"王尊"上的印文(下右图),其中的"王"字下竖也很长。

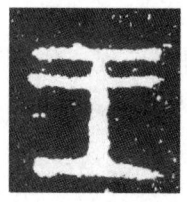　　

▲(西周)《散氏盘》　　▲(东汉)"王尊"印文

"玉"和"王"均为《说文解字》的部首,下面的小篆"玉"(下左图)和小篆"王"(下右图)摘自近代著名书法篆刻家王福庵所书的《说文部首》,该帖向为学篆范本。我们看到"王"字的下竖拉得特别长,与"玉"字形成了鲜明对比。

▲小篆"玉"　　▲小篆"王"

通过以上分析我们完全可以得出结论,孔子墓碑上的"王"字应为小篆的规范化书写,绝无任何特异之处。因此,有关孔子墓碑的传说,矮墙遮挡之说姑且存而不论,但所谓"王"字刻意拉长绝对是虚妄之谈。

在曲阜孔庙,还有一处用小篆题写的"至圣庙"坊,由于导游不识篆字,又闹出了更大的笑话。

▲ 曲阜孔庙"至圣庙"坊

请听导游的讲解:孔子被尊为"至圣先师",故有此至圣庙,而这"至圣庙"是用梅花篆字写成的,其中的"至"字是倒写的,代表圣人的思想至高无上、高远无界。

看来,"至圣庙"上的至圣先师孔子是被头脚倒置了。可为什么这样就能代表圣人的思想至高无上、高远无界呢?照理说文字倒写应该是对圣人的不尊和亵渎才对啊?可很多游客都不假思索地误信了导游之言。倘若您独立思考,刨根问底地追问下去的话,相信导游一定会理屈词穷、张口结舌的!

其实，"至圣庙"上的小篆"至"根本没有倒写，下面是"至"的字形演变图，脉络清晰而明确。关于"至"字，许慎在《说文解字》中释为："᛫，鸟飞从高下至地也。从一，一犹地也。"但从甲骨文的字形我们可以看出，"至"应是地面上插着一支箭，故表示"到"的意思。

"至"的字形演变：

甲骨文	金文	篆文	隶书	楷书	行书	草书	标准宋体
粹1004	夨钟	说文解字	曹全碑	欧阳询	陆柬之	赵雍	印刷字库

事实上，三孔的碑刻及匾额楹联是中国古代建筑中最为严格和规范的。由于历代统治者关注祭孔活动，孔庙的匾额楹联不能随意刻写，一些匾额楹联还被全国各地的文庙所仿制，故不可能出现错字和随意性书写。

2500年前，被称作"天之木铎"的孔子庭训其子孔鲤道："不学诗，无以言。"时移世易，我们现在有些人虽不学无术却无知无畏，上面这些文字笑话每天都在孔子墓前传播很多次。误读古人，误读文化，亵渎的是古人，暴露的是浅薄，祸害的是今人。悲夫！

云居寺"怪字"难倒专家

在北京房山云居寺石经山第六藏经洞的门楣上，有一方镌于明代崇祯年间的刻石。刻石长 96 厘米、宽 45 厘米，上书"宝藏"二字，为明代大书法家董其昌[①]所题（下图分别为刻石和拓片），笔画圆劲秀逸，体现了董氏空灵飘逸、风华自足的书风。

▲"宝藏"刻石

▲"宝藏"拓片

[①] 董其昌（1555—1636 年），明代书画家。字玄宰，号思白、香光居士。祖籍山东莱阳，后移居华亭（今上海松江县）。

错字的尖叫

  云居寺为我国北方佛教圣地，石经山是房山石经刊刻的起源处，隋唐时期刊刻的4196块经版就分藏在山上九个藏经洞里。董其昌晚年笃信佛教，曾与一些在京的南方籍官僚居士捐资刻经十余部，送往石经山封藏。明崇祯四年（1631年）3月4日，董其昌携友人游云居寺，登上石经山，他有感于古人千载刻经之浩远，石经山藏经之丰富，满怀志续前贤的欢喜心情，挥毫题写了"宝藏"二字，为云居寺留下了一件书法瑰宝。

  然而，与我们现行汉字书写不同的是，董其昌所题"宝藏"的"藏"字却出现了缺笔，"爿"的左边部件没有了，故很多人认为是错字。一次，我在阳光卫视的节目中听到一位文物专家的解释，他说这是寓意石经是宝，要藏起来一点，所以要有缺笔，以示标新立异。

  无独有偶，在浙江湖州南浔镇有一座我国近代著名的私家藏书楼，由京师大学堂监督刘廷琛（1867—1932年）题写的"嘉业藏书楼"（见下图），"藏"字也出现了缺笔。按当地流行的说法，楼主刘承干虽然觉得自己藏书很多，但深感世上的书是藏不尽、读不完的，故希望他的子孙也能够继续藏书、读书下去，于是便让把"藏"字少写了几画。

▲湖州南浔"嘉业藏书楼"匾额

  这一南一北的两个"藏"字为何都出现了缺笔？是有意省略，还是一时疏忽写错字了呢？其实，只要熟悉古代碑帖的朋友都知道，古人习惯于写这种缺笔的"藏"字，并没有什么寓意。为了进行量化比较，我特摄取了《宋四家书法字典》中所收录的"藏"字。

从字典中我们可以看出，缺笔的"藏"字（9个）要多于不缺笔的"藏"字（5个）。在古代，这种缺笔的"藏"字可谓司空见惯，它作为"藏"的俗体字被广泛使用着。

事实上，"藏"字这种写法早在汉代竹简书中即已出现（下左图）；在行书刚刚产生的东晋时期，还得到了书圣王羲之的青睐（下中图）；在唐代，更是成为广泛效法的楷则（下右图）。

▲汉简

▲王羲之《圣教序》

▲柳公权《玄秘碑》

▲《宋四家书法字典》中的"藏"字

古人为何对缺笔的"藏"字情有独钟？相信我们每个人都会有同感，这个"藏"字的笔画特别难以安排，草头下面是先写一横呢，还是先写一撇，还是先写"爿"左边那繁琐的部件？总之，不管你怎么安排都很别扭。还是古人聪明，索性将那繁琐的部件给去掉了，既简便顺手，又美观大方。

正因为如此，清代书画家郑板桥为镇江金山寺题写的"藏经楼"（见下页上图），就舍繁而用简。当地也流传着上面相似的说法，称当时郑板桥喝醉了酒，忘了写"藏"字那几笔，等醒来别人问起时，他答道：这个藏经楼哪能藏尽天下所有的经书呢，当然要少一点点啦。

不仅古人如此，今人也有同好。河南嵩山少林寺的"藏经阁"匾额（见下页中图），由我国前佛教界领袖、书法大家赵朴初先生题写，用的也是这种缺笔的"藏"字。当地导游不解，说什么匾额中的"藏"字少了几笔，乃赵朴初警示后来者要以史为鉴，保护好经书宝藏。

▲镇江金山寺"藏经楼"匾额

▲少林寺"藏经阁"匾额

那么,去掉"藏"字的左边部件会不会损伤其造字含义呢?

为此我们要从字源学上加以分析。下面是"藏"字的金文、古文和小篆:

金文　　　古文　　　小篆

"藏"字在《说文解字》中未收录，但收入在《说文新附》①中，徐铉认为："《汉书》通用臧字，从艹后人所加。"清代钮树玉的《说文新附考》称："汉碑已有藏字，知俗字起于分隶。"由此我们知道，"藏"字的初文为"臧"，东汉班固的《汉书》中都写作"臧"，后在汉碑中始出现"藏"字②。故小篆"藏"字的草头应是后人添加的③。

关于"臧"字，《说文解字》释为："臧，善也，从臣，戕声。"但语言文字学家杨树达先生在《释臧》一文中却认为："盖臧本从臣从戈会意，后乃加爿声……甲文臧字皆像以戈刺臣之形，据形求义，初盖不得为善。以愚考之，臧当以臧获为本义也。"

按照杨树达先生的解释，"臧"字是由臣、戈组成的会意字，后来才加上"爿"这个表音的声旁才构成了形声字。

我们再看"爿"，《说文解字》中有"片"而无"爿"。《说文段注》称："爿，反片为爿，读若牆。"古文字中一字常可以反正互写，故片、爿当为一字。

通过以上的分析探究我们知道，"藏"字的本字为"臧"，在"臧"字中，"爿"是声旁，其读音为"牆（墙）"；而"藏"字亦为形声字，"臧"为其声旁。可是无论对于"臧"还是"藏"而言，"爿"音都已不复存在，因此完全可以去掉。然而，令人匪夷所思的是，在汉字简化过程中，那么多不该简化的字都简化了，这个"藏"字却舍简取繁、舍常取稀，给人们的书写造成了不少麻烦。

---

① 《说文新附》是指《说文解字》中新附加上去的字。《说文解字》为东汉许慎著，宋代徐铉对其进行整理，并将《说文解字》中没有收入的字进行补充，这些补充的字便称为"新附字"。
② 因西汉碑刻较少，故此处汉碑的时间应断为东汉。
③ 小篆是公元前221年秦始皇统一中国后推行"书同文"政策，由丞相李斯负责，在秦国原来使用的大篆籀文的基础上，进行简化，并取消其他六国的异体字，创制的统一文字。直至西汉末年（约公元8年），才逐渐被隶书取代。

错字的尖叫

山海关人为啥字争论不休？

2008年8月3日，有网友在秦皇岛业主论坛上发了一个题为《钟鼓楼上牌匾有错字吗？山海关人争论不休》的帖子，称山海关钟鼓楼上"吉星高照"匾额中的"吉"字，上横短而下横长，是个错字。

▲山海关钟鼓楼

钟鼓楼为山海关古城保护开发工程的复建项目，落成于2004年10月。据史料记载，钟鼓楼为明洪武十四年（1381年）大将军徐达修筑长城、兴建关城时所建，当时钟鼓楼建于城中之北，后参将谷成功将其移建于城中央。至清代又几经重修，后于1952年被拆除。如今在山海关的古城中心，这座历经了600年风雨沧桑的标志性建筑重又巍然屹立，古音再闻了。

然而，自打复建的钟鼓楼一面世，山海关人便对"吉星高照"匾额上的这个"吉"字议论纷纷，莫衷一是。人们搞不清书法家这么写究竟是有意还是随性，有人猜测认为："'吉'字上面的'士'写成了'土'，大概是表示士人嘴里不可能说出吉星高照，只有土人嘴里说出的愿望实现了才是吉星高照。"还有人认为这其中别有玄机："先人的心境是现代人不能理解的，学问就在字里行间！"

从"吉星高照"匾额的落款我们知道，书写时间为2004年，题匾者为"燕人康庄"，并非古人。

▲ "吉星高照"匾额

康庄先生为我国当代著名书法家，现为内蒙古书法家协会名誉主席，号"六康"，与长兄康殷（号"大康"）、二兄康雍（号"二康"）、四兄康宁（号"四康"）、侄辈康默如（号"少康"），并称为书画界的"五康"。康庄先生的楷书以欧阳询楷书为筋骨，魏碑为血肉，在刚劲笔力中显露浑朴之韵。

那么，康庄先生为何要将"吉星高照"的"吉"字上部写成"土"呢？

其实，康庄先生这样书写并不是随意生造的，而是确有所本。请看下面古碑帖中的"吉"字。

（汉）《居延汉简》　　（东晋）王羲之　　（北魏）《华山神庙碑》　　（隋）智永《真草千字文》　　（隋）《苏孝慈墓志》

（唐）欧阳询《九成宫醴泉铭》　　（唐）褚遂良　　（北宋）蔡襄　　（明）祝允明《行草归田赋》　　（清）伊秉绶《隶书扇面》

我们再看下面这幅古代的吉祥图案，童子手持的"吉星高照"条幅中，"吉"字也是上横短下横长。

▲古代吉祥图案

关于"吉"字，《说文解字》释为："吉，善也。从士、口。"清人徐灏在《说文解字注笺》中进一步解释道："从士口，所以异于野人之言也。"这种解释似乎与上面人们对"吉"字的说法有些相似。

不过，遗憾的是，许慎、徐灏都没有见过甲骨文，相信他们见了甲骨文就会推翻己说的。从下面《甲骨文编》中的这几个"吉"字可以看出，在甲骨文中，"吉"字的上部像兵器，下部像盛放兵器的器具，合起来就是刀兵入库的意思，这正是"吉"的本义为吉祥、吉利的由来。

由此可见，"吉"字的上部并非就是"士"，在《金文编》中，我们看到，"吉"字既有上横短下横长的，也有上横长下横短的，也有上下两横相等者，不拘一例。

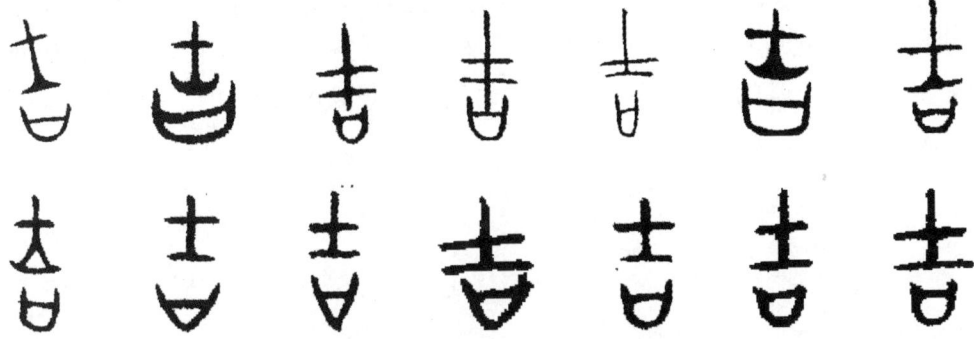

其实，这种上横短下横长的"吉"字会经常不经意地跳入您的眼帘，相信您对下面这个商标一定不陌生吧。

▲（日）吉野家商标

吉野家是日本一家具有百年历史的牛肉饭专卖店，如今在北京就有50余家分店餐厅。"吉野家"源于日本地名，因日本吉野山地区的牛肉饭最为行业翘楚而得名。

　　同样，对于"吉野家"商标上的"吉"字，很多国人也困惑不解。有人推测认为："日本汉字虽然来源于中国，但经过在日本本土的长时间发展，出现了很多变体，吉野家的'吉'字两横上短下长，一是很可能来自日本吉野山区的变体汉字，二是为了凸显自己在日本餐饮界的与众不同。"

　　认为"吉"字是日本汉字的变体，说句不客气的话是数典忘祖。其实，日本使用的是中国"吉"字的古代写法。日本文字是在中国汉字的影响下创造并发展起来的，中日汉字有的相同，有的有所不同。比较中日常用汉字，可发现有繁简的不同、正俗的不同、新旧字形的不同等方面。很多日本汉字使用了我们现在弃之不用的繁体字、异体字、俗体字、古字、讹字以及草行字体。记得我曾在鄂图讲座视频上听过国内一位日本文学研究专家的报告，他说日本人造出了很多汉字，如"步"字加了一点，称这是日本的"国字"。其实，使用谷歌拼音输入法就可以打出这个汉字"步"。世事真如白云苍狗，当这种我们老祖宗习以为常的"吉"字又出口转内销，没想到国人却相见不相识，笑问何处来？！

书院怎成了没文化的地方？

在海南省文昌市，有一处建于清光绪十九年（1893年）的著名书院——溪北书院。它由清末著名书法家、文昌才子潘存发起筹建，为孤悬海外的海南培养了大批人才。如今，它是海南全省保存最为完整的古代书院建筑群（现为文北中学校址），也成了最能代表文昌市精神文化内核的所在。

潘存（1818—1893年），字仲模，别字存之，号孺初。咸丰二年（1852年）举人，官至户部主事。光绪八年（1882年），64岁的潘存告别京师返回原籍，便一心致力于兴学育才的教育实践活动。他还向清廷提议"琼州改建行省"，并亲自撰拟建省理由与方案，是历史上第一个提出海南建省的人。

但不知从何时起，在文昌乃至整个海南，都流传着溪北书院的两个残缺字的故事。在海口电视台的《海南故事》专题片中，有这样的解说词："自书院建成以来，这两个残缺字曾引起了不少的争议和猜测。"

所谓溪北书院的两个残缺字，一个出在书院的门额"溪北书院"上。"溪北书（書）院"由潘存的高足、清末民初的著名书法家杨守敬（1839—1915年）题写。这四个隶书大字纵逸跌宕，雄浑有力，有浇铸之感，只是"書"字中缺了一横。

▲文昌"溪北书院"门额

另一个则是潘存题写的"讲（講）堂"，其中的"講"字，当地人又认为缺了一横一竖两画。

▲溪北书院"講堂"匾额

按照当地"有学识的方家"的说法，这两个残缺字颇有深意，是书写者独具匠心的杰作。"書"字缺一画，隐指浩如烟海的"書"是永远读不完的，也可说是书到用时方恨少；"講"字缺两画，又正好是一横一竖，寓意古今中外的知识，纵横天下，不论横讲竖讲是永远讲不完的，同时讲解时要少而精，不要面面俱到。

应当说上述的解读寓意很好，可以激发人们学习的热情和对知识的探求。只是索解过度，纯属牵强附会，误人子弟。

我们首先看"溪北書院"门额上的"書"字。其实，"書"字缺一横，这只是隶书的一种写法，并非什么残缺字。此种写法在隶书中虽不多见，但仍有据可查。如汉代简帛书中的"書"字就是这种写法（见下左图）。

这种写法还影响到了后世书体。如介于隶、楷之间的东晋《爨宝子碑》，其两个"書"字都少一横。

▲（汉）简帛书　　▲东晋《爨宝子碑》中的"书"字

不识庐山真面目　错字辩诬篇

下面是《六书通》里的篆体"书"字，其中有的笔画多，有的笔画少，如最后三字，就是隶书这种写法的来源。

另外一个最有力的证据就是，在杨守敬所写的一幅隶书对联中，"流目瞩岩石，委怀在琴书"的"書"字，写法就与"溪北書院"中的完全一样。您能说杨守敬在此联中又暗含了什么寓意吗？

其实，每位书家都有自己的书写习惯，杨守敬于隶书用功甚勤，其隶书古奥严谨，允称大家，字字皆有出处。在晚清和民初书坛，杨守敬是一位重量级的人物，他与吴昌硕、康有为、沈曾植等共同称雄书坛。

我们再看那个缺两画的"講"字。其实也不是什么残缺字，在唐代颜元孙的《干禄字书》中即有收录，标明为正体"講"的通字，这种写法广泛使用在隶、楷、行诸体中（见下图）。可见潘存所题的"講"字是非常规范的写法，并没有藏着什么字外之意。

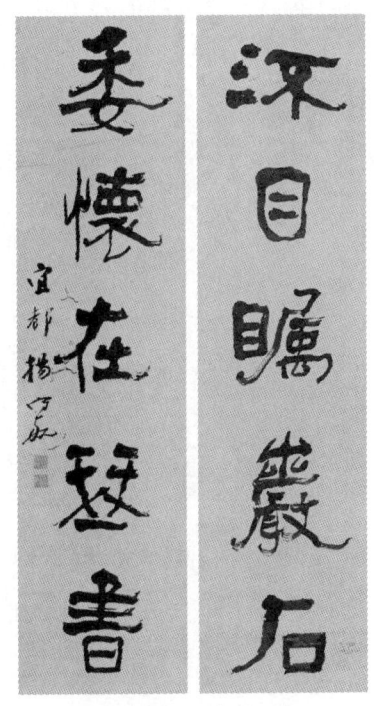
▲杨守敬隶书联

（东晋）王羲之　（唐）颜真卿　（明）董其昌　（清）刘墉　（清）顾蔼吉

潘存、杨守敬师徒二人曾合著有《楷法溯源》一书。该书是一部具有书法字典性质的字书,究六书之渊源,订百家之讹谬,搜集了自汉砖文至五代杨凝式《韭花帖》700多种碑帖中的2万字。所以,作为书法金石大家的潘、杨二人是绝不会写什么残缺字授人以柄的。

因此,完全可以论定,溪北书院的两块匾额上根本没有什么残缺字,更没有什么微言大义。

古代的残缺字多出于文字避讳。避讳之制起于周代,盛于唐宋,延及清末。古人为避帝王及尊长的名讳,在书写汉字时常缺省笔画,因此造成很多残缺字。如宋太祖名匡胤,绍兴十三年(1143年)宋高宗御书石经时便省却"匡"下二横。再有一种就是文人的游戏笔墨。最典型的莫如泰山的"虫二"摩崖刻石①,为清光绪二十五年(1899年)历下才子刘廷桂题镌,故意将"风"、"月"二字的边框去掉,寓意为"风月无边"。

▲泰山"虫二"摩崖刻石

历史文化积淀如此丰厚的溪北书院,在浮躁的商业社会中,似飘零的秋叶,在历史的风烟中无奈地翻转,旋归于泥土和沉寂。从书院中走出的学子,无暇回顾书院诗书斑斓的往昔,义无反顾地奔向了与书院越来越远的道路。愿我们的文化机构,少一点这种没有文化的文化!

---

①另外,杭州西湖湖心亭还有乾隆皇帝题写的"虫二"石碑。

怪哉！两名校学生不识校名校训

看了这个题目，您一定以为我是在制造耸人听闻的噱头。堂堂大学生怎么可能不认识校名和校训？然而，这样的事情的的确确就发生在二十一世纪的今天。

在春城昆明有一所历史悠久的大学——云南师范大学，其前身为诞生于1938年的国立西南联合大学师范学院。1946年5月4日，组成西南联大的北京大学、清华大学、南开大学完成抗战时期联合办学的使命，复校北返，师范学院留昆独立设置，延续着西南联大在云南的事业。

几年前，云南师范大学原样重修了西南联大校门，没想到，按照历史原貌还原的"国立西南联合大学"校匾（见下图）却被指为有错字，一时间闹得沸沸扬扬。

▲还原的"国立西南联合大学"校匾

2011年8月，有新浪博友"赵健吾"发微博求证："云南师范大学呈贡新校区，原样重修西南联大大门。其中'南'字少写了一横，有人知道是什么原因吗？"微博发出后，不少博友展开讨论，进行了多种猜测，有人认为西南联大的"南"字少一横是表示其"寄人篱下"，寄寓不忘国耻之意。另有网友"风之末端"在微博上发表"独家考证"称，在古语中，"南"除了表示方位外，还有祭祀用的牲畜等意思，古人习惯将"南"字少写一横专门表示方位，以和别的释义区分开来。

"南"字少一横是因为西南联大当时"寄人篱下"？此说实属荒唐。抗战期间，清华、北大、南开"绝徼移栽桢干质"①，从长沙长途跋涉3700里来到祖国的大后方云南，岂能说是"寄人篱下"？

其实，"南"字少一横是古代碑帖中的一种写法，并无什么深意，大可不必作过度解读。如明代"吴中四才子"之一的祝允明就写过这样的"南"字——

▲ "南"（祝允明）

近代以来，这种少一横的"南"字大受文人学者们的青睐。如我国近代革命文学团体南社创办的一些刊物，其"南社"的"南"字就少写一横。

▲《南社丛刻》

▲《南社小说集》

---

①见《西南联大校歌》。"绝徼"（jiào），指荒僻的边土。"桢干质"，指大树良材。

再如二十世纪书坛泰斗沙孟海先生为浙江临海江南长城题写的"雄镇东南",其"南"字也少了一横。

▲沙孟海先生题写的"雄镇东南"

关于"南"字,许慎在《说文解字》中称:"南,艸(草)木至南方,有枝任也。"郭沫若先生在《甲骨文字研究》中,根据甲骨文字形独创新说,认为"南"字应是代表钟、镈之类的乐器,因这类乐器在古代一般都是放置在南方,所以引申为南北的"南"。

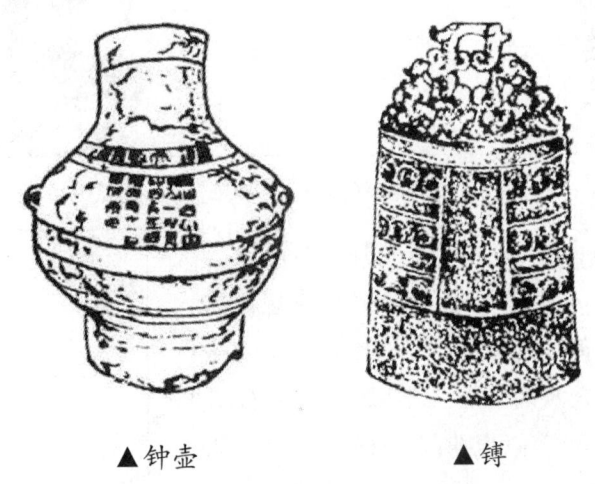

▲钟壶　　　　▲镈

再比较一下下面《甲骨文编》中的"南"字,看看郭沫若的说法是否有道理?

在这次"错字"风波中,人们普遍认为"国立西南联合大学"校匾为西南联大校友、我国著名核物理学家朱光亚先生所题,却是张冠李戴了。现在的"国

立西南联合大学"校门是按照40年代原样复制的（见下图）。我们知道，朱光亚生于1924年12月25日，1942年至1945年朱先生在西南联大物理系学习，1945年至1946年任西南联大物理系助教。显然在当时，大师云集的西南联大不可能让一个二十岁出头的青年学子题写校名。

▲国立西南联合大学旧址（资料照片）

那么，人们为什么会误将"国立西南联合大学"校匾当成朱光亚先生题写的呢？我想，这大概是由于朱先生曾于2002年为母校题写了"中国历史名校——国立西南联合大学旧址"（见右图），而且其中的"南"字似也少了一横。如今，朱先生的题字就镌刻在云南师大校门东侧的墙壁上。

另外，还有人认为"国立西南联合大学"不是楷书，而是篆书。其实恰恰相反，这八字属于楷书中的魏碑体。魏碑楷书和晋朝楷书、唐朝楷书并称为三大楷书字体，其特点是表现出由隶书向典型的楷书发展中的一些过渡因素。如其中的"立"字下横就略带隶书的波磔。

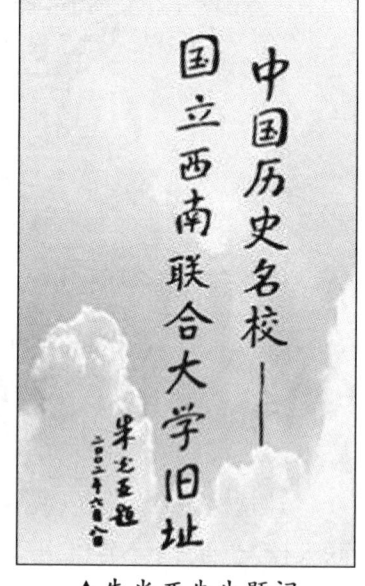

▲朱光亚先生题词

又有人发现校匾上的"國"字也少了一点,这其实也是魏碑中的常见写法[1],好在没有敷演出国土沦丧的说法。

至于"国立西南联合大学"校匾究竟为何人所题,本人目前没有查到相关资料。仅从书风上判断,既不出自于西南联大的张伯苓、蒋梦麟、梅贻琦三位校长,也不是西南联大以书法知名的中文系主任罗庸和中文系教授闻一多所书[2],似为时任教育部部长的陈立夫手笔(待考)。

云南师范大学的"错字门"刚刚平息,没想到时隔不久,南方另一所知名高校又桴鼓相应,风波再起。

在广州中山大学南校区小礼堂后的草坪上,立有孙中山先生题写的"博学、审问、慎思、明辨、笃行"校训。这十字校训还出现在中大主页、中大录取通知书上,每个中大学子都非常熟悉。

▲广东中山大学校训

---

[1] 关于"國"字,见《风雨沧桑话"国"字》一文。
[2] 罗庸和闻一多两人分别为1946年"国立西南联合大学纪念碑"的书丹者和篆额者。

这十字校训是孙中山先生 1924 年 11 月 11 日为国立广东大学①成立庆典所题（见下图），训词出自《礼记·中庸》第二十章："博学之，审问之，慎思之，明辨之，笃行之"，体现了中山先生在血腥风雨的革命年代对莘莘学子在治学求进上的严格要求。

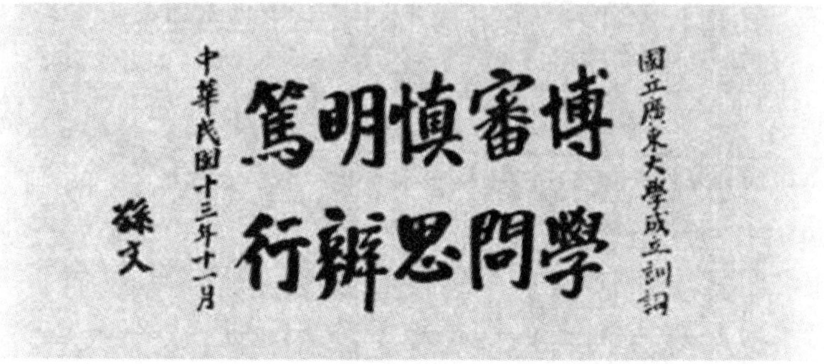

▲孙中山先生题写的十字训词

然而让中山先生始料不及的是，80 余年后他的题词却被中大学子指为有错字，恰恰走到了他十字训词的反面。

2012 年新年伊始，一条"中大校训有错别字"的微博称，中大校训中"明辨"的"明"被写成了"眀"，多写了一横。真是一横激起千层浪，一时间，这条微博被广泛传播，引得热议纷纷。有学子高呼："读了九年的人也没发现，弱爆了！"还有不少人揣测，中山先生是故意为之，"意在提醒同学们用眼去明辨是非，不能道听途说。"在"中大树洞"微博上，有人发出感慨："今天再一次发现，读完大学四年，真的还有好多人不知道中大的校训有错别字。哎，枉费了中山先生的一番苦心啊！"

当然，这条微博也引来一些人"拍砖"："文盲伤不起啊，'眀'是'明'的古字！"2012 年 1 月 19 日，《羊城晚报》以《"明辨"变"眀辨" 中大校训有错字？》为题报道此事，文章最后得出结论："查阅资料得知，'眀'确有其字，为'明'的古体字。"

此事似乎已经尘埃落定，水落石出了。不过，有关人士和媒体还是知其然而不知其所以然，没有将"眀"字真正搞明白。

《羊城晚报》及一些网友认为"眀"为"明"的古体字。其实恰恰相反，"明"的古体字就是"眀"。"明"字在古代有三种写法，分别为："朙、明、

---

①又称"文学堂"，1925 年秋更名为中山大学。

明"。这其中,"朙"为正体,《说文解字》中收录的就是"朙";"眀"为通体,出现的时间最晚;"明"为古文,许慎在《说文解字》中明确指出:"古文从日",现行简化字取的正是"明"的古文。

下面是《说文解字》中的小篆"朙"和古文"明"——

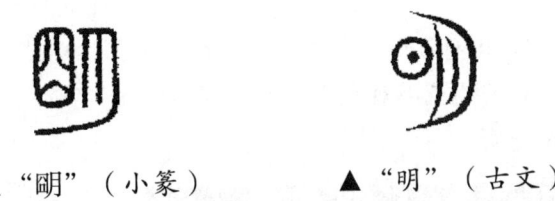

▲"朙"（小篆）　　　▲"明"（古文）

从甲骨文"明"字,我们可以清晰地看到"日月为明"的会意构字特点。下面是《甲骨文编》中的部分"明"字——

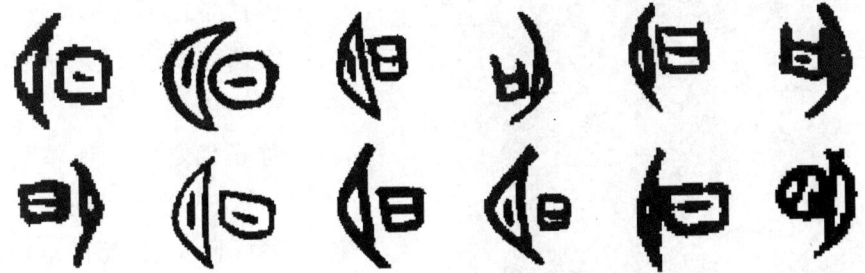

关于"明"字,本人在下面《为"出现最多的错字"平反》一文中将有详细介绍。在汉字简化前,"眀"是使用频率最高的一种写法,但常常被今天的人们指为错字,并由此引发出许多千奇百怪的猜想。不过,这种误解出在全国古文字研究重镇的中山大学实在太不应该了!

这两起由名校引发的"错字门"给我们留下的是震惊和思考。人代冥灭,清音独远,仅仅过了几十年,我们的名校学子就已经无法与前辈先贤们沟通了。从他们的妄加解读中,我们看到了教育的缺位、文化的断层和传承的遗失!

康熙为何写三点水的"魚"?

前文我们谈了杭州西湖的"苏堤春晓"碑。其实,在西湖十景中,还有一通康熙皇帝御笔题写的"花港观鱼"石碑,只因"魚"字下面的四点写成三点,便成了是非口舌的场所。

▲ 杭州西湖"花港观鱼"碑

请听导游的解说:"大家知道在汉字里,三点为水,四点为火。繁体'魚'字底部的四点,本为火字,鱼遇水而生,逢火必死。康熙爷笃信佛教,一向崇尚好生之德,他不忍见鱼在火中烧烤,便将'魚'字底部的四点有意错写成了三点,意在让鱼永远欢快地生活在水里,以示皇恩浩荡、泽被万物之意。"

应该说,这种说法很有些人情味和生态意识,但是我想,倘若康熙皇帝泉下有知,也不会同意的,因为明摆着就是说他连小学[①]也不通吗?此种"揣度圣意"的事情还是不做为好。

---

①这里的"小学"指"文字学"。周朝儿童入学,首先学六甲六书(六甲指儿童练字用的笔画较简单的六组以甲起头的干支。六书即象形、指事、形声、会意、转注、假借),"小学"之名即由此而得。

其实道理很简单,在汉字里,四点水并不都代表"火",这"鱼"字就是个例外。

我们知道在汉字里,"灬"多表示火,如"照、煮、熬、煎、热、熏"等字。但"魚"字下面的四点,却是古文"魚"的鱼尾形状的变形,并没有"火"的意思。下面是"鱼"的字形演变过程:

通过"鱼"的字形演变我们可以看出,在甲骨文中,"鱼"字俨然一幅非常具象的图画,下端是悬垂的鱼尾;金文中的"鱼"字有所抽象,鱼尾也变得字符化了;在小篆中,"鱼"字被进一步抽象化和字符化,鱼尾部分有点像篆书"火"的字形了(见下图)。

▲篆书"鱼"　　　　▲篆书"火"

小篆过后,接着就出现了中国文字发展史上的一个重要转折点,即"隶变"——小篆开始向隶书演变。为了解散篆体,以求简便,隶书中一些本没有联系、但形状相近的偏旁出现了混同现象。"灬"便是如此,"魚"字的鱼尾部分与下部为"火"的汉字在演化过程中就趋同到这四点上。

除"鱼"字外,还有个"燕"字,下面的四点是燕尾形状的字符化,也与"火"没有任何关系,它们都是象形字而非会意字。下面是"燕"的字形演变过程:

甲骨文		金文	篆文	隶书	楷书	行书	草书	标准宋体
佚2·16·13	存1·476	智缺	赵孟頫	说文解字	夏承碑	颜真卿	唐寅	毛泽东	印刷字库

其实,只要动脑筋想一想,我们的古人在造字时是不会把动物放在火上烧烤的,这与古代所奉行的天人合一、天地合德的理念不符。当然,"熊"字是个例外。

47

错字的尖叫

"熊"字的初文为"能"字,在金文中,"能"字是一头熊的形状(见下左图),后来被"能力"之意假借走了,为了区别,人们又造了个"熊"字(见下右图)。那么,古人为何要在"能"下加"火"呢?这可能与熊姓的先祖"火神"祝融有关吧[①]。

▲金文"能"　　　　　▲小篆"熊"

搞清楚了"魚"与火没有任何关系。那么,康熙为何要写三点水的"魚"呢?

道理其实很简单,康熙所书字体为行楷,在行楷中,经常会出现省笔现象,将四点水写成三点水再正常不过了。

不仅康熙皇帝,他的孙子乾隆也这么写。在北京颐和园的"园中之园"谐趣园里,有一座乾隆御题的知鱼桥,那"魚"字下面也写成了三点(见下图)。按导游的逻辑,莫非乾隆也像他爷爷一样有好生之德,不忍见鱼在火中烧烤吗?

▲颐和园谐趣园知鱼桥

[①] 另有一说认为"熊"字从能从火,"能"意为"冬眠之熊","火"意为"生命之火"。"能"与"火"联合起来表示"重燃生命之火的冬眠之熊"。

再举个眼跟前的例子,下面是当代书法家田蕴章先生在"每日一题 每日一字"节目中书写的标准行书"鱼"字。大家看,也是三点,您能说田先生也信佛,有意写错字吗?

▲(当代)田蕴章

为了进行量化比较,我们以《书法字典》中的行书"鱼"字为参照。

▲《书法字典》中的行书"鱼"

我们可以看到,在《书法字典》中,"魚"字的行书写法有多种,下面既可以写成四点,也可以写成三点,还可以写成一横(简化字"鱼"即为其楷化);此外,下端还可以写成一个"大"字。通过比较可以发现,三个点的"鱼"在行书中比较普遍,完全没有必要大惊小怪。

说也凑巧,同在西湖,还流传着"孤"字少一点的说法。2007年7月13日杭州《城市假日》周刊刊登《西湖边一堆错别字?》的文章,称:"孤山中山公园一块石壁上,把斗大的'孤山'两字中的'孤'字,故意少了一点。"

至于"孤"字为何少了一点,当地导游给出的答案五花八门。一种答案是,

错字的尖叫

孤山上,在南宋理宗时曾建有规模宏大的西太乙宫,康熙年间改建为行宫,雍正年间又改为圣因寺,后因兵燹化为灰烬。孤山风景特别优美,却一直被自称孤家寡人的皇帝所占有,因而就有了"孤山不孤寡人孤"的说法,所以,"孤"字特意少写了一笔。另一种答案起因于"孤山不孤,断桥不断,长桥不长"的西湖三绝说法,故而这个"孤"字就少了一点。

▲西湖孤山公园"孤山"刻石

关于"孤"字,《说文解字》的解释为:"孤,无父也。从子,瓜声。"明确了"孤"字的右半边为"瓜",那么为何又少了一点呢?下面我们看一下"孤"的字形演变。

金文	篆文	隶书	楷书	行书	草书	标准宋体
缺	𤓰	孤	孤	孤	孤	孤
暂缺	说文解字	黄易	张猛龙	黄庭坚	王铎	印刷字库

由上图可知,篆书"孤"字的右边为"瓜",与《说文解字》相符[①]。隶书则讹变简省为"爪",魏楷《张猛龙碑》中仍为"爪",行书、楷书承继了

[①] 因《说文解字》是解篆字的。

这一特点，到简化汉字时又恢复为"瓜"。"孤山"二字为行书，故"爪"的中间一竖与右捺顺笔相连。下面是古代碑帖中的"孤"字这种写法。

（唐）李世民　　　（宋）米芾　　　（宋）吴琚　　　（元）赵孟頫
《晋祠铭》　　　　《晋纸帖》　　　《杂诗帖》　　　《前后赤壁赋》

另外，杭州西湖边还有一个"错字"，出在岳飞墓碑上。2012年6月3日，杭州《青年时报》刊登《杭州岳飞墓碑"鄂"字多一笔　导游称原因不明》的文章，称"宋岳鄂王墓"碑上，"鄂"字的"亏"部竖弯钩出头了，顶到第一横上。

▲"宋岳鄂王墓"碑

关于"鄂"字，《说文解字》释为："鄂，江夏县。从邑，咢声。"我们看到在《说文解字》中，小篆"鄂"字的"亏"部是出头的，古人在隶、楷、行、草诸体中多沿用这种写法，本无足怪。

历史文化积淀如此丰厚的杭州西湖竟冒出如此多的"错字"，恐怕大大出乎古人的逆料。这些诬妄不实、毫无根据的说法，只能让湖山沾垢，西子蒙羞！

蒋介石："烈"字少一点，烈士少一点？

在风景秀丽的南岳衡山香炉峰下，有我国目前规模最大的抗日烈士纪念陵园——南岳忠烈祠。忠烈祠筹建于抗战期间的1938年，1943年告竣，现已成为世界反法西斯战争的重要纪念地之一。

忠烈祠整座祠宇坐北朝南，中轴线上，按前低后高地形布局，依次为牌坊、七·七纪念碑、纪念堂、纪念亭和享堂。

享堂是忠烈祠最大的建筑物，位于石阶尽处，飞檐翘角，石墙碧瓦，气势宏伟，里面供奉着"抗日阵亡将士总神位"，是举行祭祀活动的场所。在享堂的汉白玉拱门上方，六根花岗岩石柱稳托着单檐歇山顶，中间两根石柱上悬挂着一方横匾（原物），上书"忠烈祠"三个镏金大字，款署"蒋中正"。

据资料介绍，1943年忠烈祠落成时，湖南省政府主席薛岳特请蒋介石"赐

▼南岳忠烈祠享堂

额"，蒋介石当即书就"忠烈祠"三字。这三字遒劲有力，笔势飞动，牵丝连带分明，可以想见蒋介石题字时内心激越的情感。游客到此大都仰头瞻望，常有细心的游客发现"烈"字中的"歹"少了一点，并认为是个错字。

▲ "忠烈祠"匾额

蒋介石在题匾时为何将"烈"字少写了一点？历来有几种不同版本的说法：一说蒋介石题字时，觉得这些阵亡将士大都太年轻，他们壮志未酬身先死，令其甚感悲痛和遗憾，故将"烈"字少写了一点，寄寓"烈士少一点，胜利快一点"之意；二说"烈"字左上方是个"歹徒"的"歹"字，蒋忌讳，因此有意将"歹"中一点略去；三说日本国小人少，中国地广人众，而小日本却在中国土地上大肆践踏，蒋有点想不通，因而少写了一点；四说蒋要待到把小日本赶出中国后，再来忠烈祠补题这一点，以告慰为国殉难者的英灵。

上述说法还收录在维基百科、百度百科、互动百科、搜搜百科中，流传甚广，影响甚大，大家都认为蒋介石这一"错字"寓含深意。

说蒋介石忌讳"歹"字，故将其中一点略去，此说不能成立。请看台湾忠烈祠的牌楼上，同样是蒋介石题写的"忠烈祠"三字（见下页左图），"烈"字上就有一点，蒋介石何以厚此薄彼呢？还有蒋介石的"先烈之血，主义之花"题词中，"烈"字也写成了"歹"（见下页右图）。

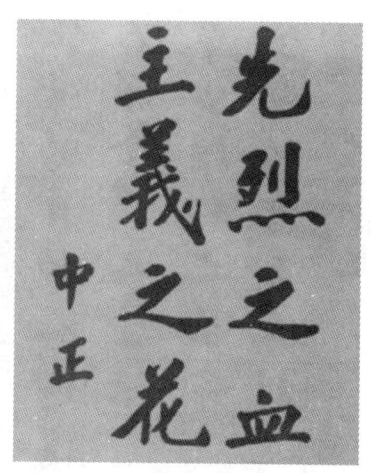

▲台湾"忠烈祠"牌楼　　　　　　　▲蒋介石题词

另外,蒋介石1946年题写的"崇烈亭",该亭位于长沙天心阁景区,为纪念"长沙会战"中的抗日阵亡将士而建。大家看,"烈"字也有一点。

▲长沙"崇烈亭"匾额

蒋介石自幼受过严格的书法训练,其书法结体有度,章法严谨,以工整端严见长,一如其行事作风。其实,蒋介石为南岳忠烈祠的题字并无错字。"忠烈祠"三字为行书,在行书中,因连笔关系,"烈"字中的"歹"上撇变成了折笔上提,其中的一点自然就省略了。书圣王羲之就写过一个相类似的字(见下页右图),大家看,两字的结体和行笔基本一致。

▲蒋介石

▲王羲之

另外，历代碑帖中也都有这种写法，不足为奇。

（晋）
《爨宝子碑》

（唐）李世民
《晋祠铭》

（唐）李邕
《云麾将军碑》

（明）
沈周

反过来想一想，蒋介石如果真要借题字表达"烈士少一点"的愿望话，为何不将"烈"字下面的四点写成三点甚至一横呢？记得 2009 年 2 月 14 日我观看凤凰卫视的"走读大中华"节目，就听到凭吊南岳忠烈祠的著名主持人杨锦麟先生也讲了类似的说法。一些错误的说法经媒体的放大器效应加以传播扩散，以致积非成是，成为定说，也使得汉字变得匪夷所思不可捉摸。汉字很神秘，但汉字不是巫术，请大家都慎惜祖先传给我们的至宝——汉字！

李敖少见多怪纠"错字"

今天要谈的这起"错字"公案,牵涉的都是大名鼎鼎的人物:蔡元培、叶恭绰,还有一位就是本文的主角——李敖。

2005年9月29日,中新社香港分社播发一条特稿:"正在香港进行神州之旅最后一站访问的台湾知名历史学者、作家李敖,今天早上专程前往香港仔华人永远坟场,拜祭北京大学第一任校长蔡元培[①]的墓地。在追忆这位中国文化、学术界先贤的同时,李敖也不忘露一手他最擅长的历史考据的功夫,向在场记者介绍蔡元培下葬香港的历史由来,并眼尖地指出碑文上的错字。"

▲李敖拜祭蔡元培墓地

下面是特稿中"碑文有错字"一节的内容——

讲完蔡元培的故事,李敖再露了一手他的资料搜集功夫:三十

[①]北京大学第一任校长应为著名教育家、启蒙思想家严复。

年前这个坟跟现在不一样,碑的颜色也不一样,"这个碑已经经过改造了,原来不是这样的。"他还指出,碑上的"蔡孑民先生之墓"写错了一个字,蔡字的草头下面应是祭祀的祭字,左边有两个点,碑文上却只写了一个点,所以是写错了一个字。

被问及为什么对蔡元培墓的情况这么清楚,李敖得意地说,这是一九七八年北大校友重修过的,"我有原来墓地的照片,一比对就知道改造了"。

据资料记载,"蔡孑民先生之墓"由著名书画家、词学家叶恭绰先生题写,原本刻在一块小石碑上,1978年重修蔡元培墓时换成了墨绿色大理石墓碑,又将叶恭绰的题字重新镌刻上碑。

▲ "蔡孑民先生之墓"碑

提起叶恭绰,可能现在知道的人不是很多了,其实他的学养不在李敖先生之下。

叶恭绰(1881—1968年),字裕甫,号遐庵、遐翁,广东番禺人,清末举人。前半生曾做过北洋政府的交通总长、民国政府的财政部长、铁道部长,后半生致力于学术,曾出任北京大学国学馆馆长,诗词、书画、考古样样精通。新中国成立后,又担任北京中国画院首任院长,中央文史研究馆副馆长、代馆长。叶恭绰的书法以正楷书最为著名,尤擅写擘窠大字,笔力雄健,魄力非凡。所书"蔡孑民先生之墓"介于楷、行之间,既有碑的厚重,又有帖的灵动,凝结了对故友的深深怀想和深情。

错字的尖叫

那么，会不会是重修墓碑时漏刻了呢？从叶恭绰所书"蔡"字的结体来看不太可能，因草头下面的第一撇很短，放不下两个点，故应为一点无疑。

为此，我们还是先从文字学上对"蔡"字进行一番解析。

䕺，《说文解字》的解释为："艸丰也。从艸祭声。"也就是说，"蔡"为形声字，"祭"为声符。因此，李敖先生所说的"蔡字的草头下面应是祭祀的祭字"完全正确。

我们再看"祭"字——

祭，《说文解字》的解释为："祭祀也。从示，以手持肉。"可知"祭"为会意字，其左上为"肉"（字形为"月"）。需要说明的是，汉字中，肉和月虽毫不相干，但两者因古文字字形相近的缘故，后来一律讹变为"月"。在近300个月字旁的汉字中，和月亮相关的只有朔、朗、朝、期等几个字，其余97%以上都是肉的意思。

现在问题的焦点就集中在这个"月"上，——李敖、叶恭绰，究竟谁错了？

我们暂且虚晃一枪，看看别处蔡先生的相关题字。

下图为北京大学校园里的蔡元培像，底座铭文"蔡元培先生"由九三学社创始人、著名政治活动家许德珩先生题写。注意，"蔡"字的"月"上为一点。

◀ 北大蔡元培先生像

另外，浙江绍兴的蔡元培故居，由刘海粟先生题写的"蔡元培故居"门匾，"蔡"字上也是一点。

好了，现在的对决变成了一比三。如果叶恭绰先生写错字，那么许德珩、刘海粟二先生也都错了。

▲绍兴蔡元培故居

我们再看看古人的法帖中有没有这种写法。一查还不少——

（宋）赵佶　　　　（明）文征明　　　　（明）王宠

（明）林佑　　　　（清）乾隆　　　　（清）桂馥

相信狂傲如李敖者，面对如此多的古代先贤们也要俯首认错了吧。

那么，"蔡"字为何可以少一点呢？我们知道，叶恭绰先生所题"蔡孑民先生之墓"的字体为行楷，故"月"中两点可写作一点。这又是我们前面说过的行书中减省笔画的用法，李敖先生太拘泥于点画之工了。

记得2009年我曾在凤凰卫视的《李敖语妙天下》中，看过一期李敖先生谈书法的节目。李敖先生对

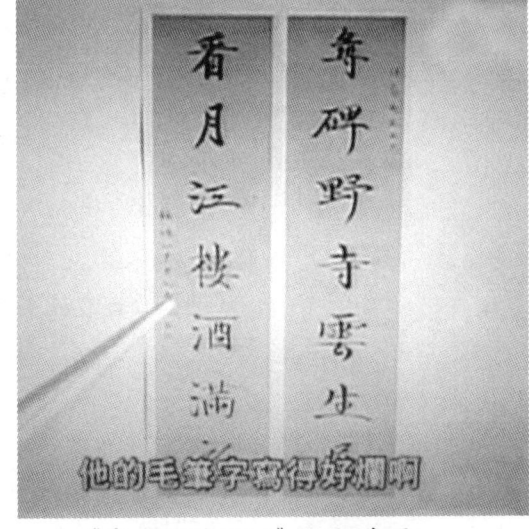

▲《李敖语妙天下》视频截图

错字的尖叫

中国书法史虽很了解,但其鉴赏判断有时却不一定专业、权威。如他在评价有"墨皇"之称的西晋陆机的《平复帖》时,可能是对陆机秃笔枯锋的章草欣赏不了的缘故,便武断地认为"陆机的字并不怎么样"。同时还将毛泽东用行楷字体写给胡适的书信多次说成了小楷。尤其不可原谅的是,他在节目中竟公开展示了一副袁枚的赝品对联:"寻碑野寺云生屦,看月江楼酒满衫"(上页为视频截图,下图为真迹。注意两者笔锋的出入和线条的质量),据此便断言:"他(袁枚)的毛笔字写得好烂啊!"如果袁枚真的书法很烂,他岂能少年科甲得志,24岁便中进士?由此可见李敖先生于书法还是个外行。

▲袁枚手书对联

错字平反篇

玉宇澄清万里埃

玉宇澄清万里埃　错字平反篇

武夷山的文字冤案

提起神秘的武夷山，大家首先想到的一定是千年悬棺之谜，此外还有什么角怪之谜、水之谜等等。但我这里要说的是武夷山的文字之谜。

2001年7月我到福建南平采访，乘间去武夷山一游。早就听说武夷之魂在九曲溪，于是，卸下尘思，坐稳竹筏，竹篙一撑山水转，但见溪水澄碧，岩峰凝紫，曲曲呈异趣，湾湾聚佳境。每转过一道湾，岩壁上都镌有南宋著名理学家朱熹《九曲棹歌》①中的诗句，一壁陶醉于优美的自然风光，一壁咀嚼品味着朱子的诗句，我仿佛成了神仙中人。

漂临五曲，但见岸边巨岩上有一行摩崖石刻："五曲幼溪津"。据兼作导游的筏工介绍，"幼溪"是明代兵部侍郎陈省的号。陈省罢官后在此隐居，为泛舟便利，自辟了一个渡口名曰幼溪津。

▲五曲幼溪津

---

① 《九曲棹歌》是朱熹携友人同游九曲溪时所作的一首七言排律，对九曲溪进行了全景扫描，是最早概括描绘武夷山九曲溪风貌的一幅长卷佳作，九曲溪也因此诗名扬天下。

63

筏工指着岩壁上的字说，看见了没有，那个"幼"字的"力"写成了"刀"。这陈省对摩崖石刻情有独钟，在武夷山留下了几十处石刻。奇怪的是，他所有的石刻，凡有"幼"字的，那"幼"中的"力"均是不出头的。你知道为什么吗？原来这陈省罢官归隐后，自是心不服气不平，寄情山水，也只是聊以自慰。他有意让"幼"字不出头，寓示着自己现在的境遇。他说，等到他有朝一日重新复出，这"幼"字自然就出头了。可是，陈幼溪一辈子也没有东山再起，所以这武夷山石刻上的"幼"字便永无出头之日了。

▲"五曲幼溪津"摩崖刻石

的确，武夷山上，举凡落款为"幼溪"的石刻，"幼"字均不出头（见下图）。陈省果真将一腔昂藏不平之气寄寓在一个"幼"字中了吗？

▲落款为"幼溪"的"云石堂"、"云路"、"云桥"刻石

孟子曰："颂其诗，读其书，不知其人，可乎？"为此，我们要知人论世。

陈省（1529—1612年），字孔震，号幼溪，福建长乐县古槐人。明嘉靖三十八年（1559年）进士，授浙江金华府推官，平反冤狱，安抚饥民，颇有政绩。嘉靖四十一年（1562年），升任山西道监察御史，是年鞑靼兵屡次入塞侵扰，陈省亲自巡城，严加防范。后巡按山海关，整顿边防，颇见成效。嘉靖四十四年（1565年），巡按湖广。时世宗欲费资亿万南巡，内阁首辅徐阶苦谏无效，陈省上疏切谏，世宗采纳，徐阶叹曰："是所谓一言回天也"。翌年，穆宗嗣位，陈省弹劾尚书霍冀、工官徐杲等人"为迎合先帝，费天下财力，当治罪"，穆宗处罚二人。隆庆元年（1567年），辽王宪火节、楚王世子常泠横行不法，陈省劾奏，穆宗将二人囚禁。不久，巡按广西，又弹劾太监王本。后累迁任京畿学政、大理寺少卿、南京都察院佥都御史、右副都御史等职，任内裁撤文武冗员，平定少数民族首领叛乱，以功升兵部右侍郎兼都察院右佥都御史。万历十一年（1583年），陈省因与张居正牵连罢官。回乡途中，游武夷山，迷恋武夷秀色，遂在五曲畔的接笋峰下筑室"云窝"，隐居13年，日与书院诸生讲学论文，怡然自得。一生著述宏富，有《幼溪集》、《武夷集》、《老子疏因》、《名山记述》、《武夷志咏》等，并有批点《十七史》传世。

隐居"云窝"期间，陈省还在武夷山五曲、六曲的岩崖间留下了以"云"为主题的系列摩崖石刻，除"云窝"外（见下图），还有诸如"云崖"、"云路"、"云桥"、"云关"、"云台"、"留云"、"嘘云"、"卧云"、"白云深处"、"栖云阁"、"云石堂"等20余处，成为我国以"云"为题材最集中的摩崖石刻群，可见他对云的钟情喜爱。

▲陈省隐居地"云窝"

在此，本人不揣谫陋，认为现在人们对陈省的解读过多地集中在那个不出头的"幼"字上，实则是舍本逐末，误入歧途，而恰恰是这个不甚为人关注的"云"字，才是开启陈省心灵世界的钥匙。

首先必须澄清的一个问题是，陈省所书的不出头的"幼"绝非错字，也不是他本人独出新意的创造。在《汉语大字典》[①]中即能查到这个不出头的"幼"字，指明为"'幼'的讹字"。讹字是指古代传抄、书写过程中字形发生了讹变的字，当它积非成是并进入字书后，与其相应的正字之间的关系，类同于异体字。在白居易秦中吟十首的《重赋》中，"幼者形不蔽，老者体无温"，古本即写作这种不出头的"幼"。

在古代碑帖中，"幼"字这种写法也不乏其例——

（北魏）《郑文公下碑》　　（北魏）《高贞碑》　　（东晋）王羲之　　（明）文征明

另外，光绪庚辰年间（1880年）刊刻的《幼学琼林》，其题签上的"幼"字也几乎不出头。

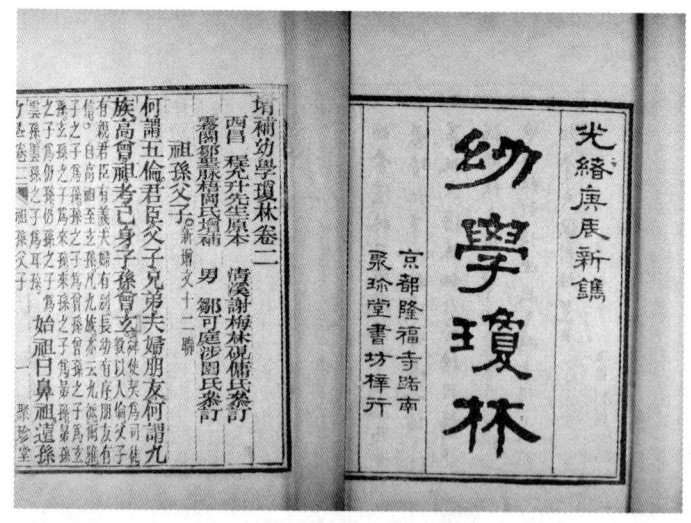

▲光绪庚辰本《幼学琼林》

[①] 见《汉语大字典》（缩印本）第460页，湖北辞书出版社、四川辞书出版社，1992年第1版。

我想，正是由于人们对陈省所题"幼"字的不解，以为是其生造出的一个字，并猜测这样书写必有深意，所以才附会穿凿出陈省借"幼"字不出头，表达有朝一日东山再起之意。以致当地人戏称："当官不得志，专写错别字"。

那么，陈省究竟是超世拔俗、真心归隐，还是身在江湖、心驰魏阙呢？这个"云"字可以给出答案。

陈省有言："为爱白云深，结庐在五曲"。可见，他是因为深爱武夷山的白云，才效仿"结庐在人境"的陶渊明息影归隐的。在武夷山的13年里，陈省的恋云情结特别深厚，只要看好一处景观，就冠以"云"的雅名，并勒石纪之，把一腔心语寄予云间。他在武夷山亲手所建的16处亭台楼阁中，名之曰"云"的就有7座。如刻于六曲的"栖云阁"，此处云海氤氲，陈省就是用以隐喻自己栖居的"幼溪草庐"，表达了与云融为一体的高洁情怀。陈省隐居于"云窝"之中，镇日悠游于"云路"、"云桥"之上，过"云关"、"云台"、"云崖"，在"白云深处""卧云""看云"，见"生云"、"嘘云"欲"留云"，在云卷云舒中参透人生真谛。可以说古往今来爱云颂云未有过之者。

陈省在武夷山岩崖上的"云"字系列刻石，留下了他的咏云情怀，是其隐士心迹的见证！远离了官场的尔虞我诈，洗却凡尘的陈省在武夷山的云岚中，找到了自己的人生归宿。同时，这位隐逸高人还将思想火花、艺术才情，寄予在一天分万态的云雾中，他以各种字体、采用多种雕刻手法将云的主题，或镌于耸立云端的峰顶，或刻在云雾缭绕的溪涧峡谷，或凿于绝壁悬崖之上。历经了数百年的风雨侵蚀，这些"云"再也飘移不去，永远定格在长满青苔的岩壁上，无声地述说着陈省内心的衷曲。

陶渊明《归去来兮辞》有曰："云无心以出岫"。云是最无根底的事象，白云出岫本无心，对于与云为友的陈省亦当作如是观。故陈省绝非恋栈权势、汲汲于官位的利禄之辈。是该恢复陈省的名节了！

朱熹《九曲棹歌》的第五首仿佛是为陈省唱的——

> 五曲山高云气深，
>
> 长时烟雨暗平林。
>
> 林间有客无人识，
>
> 欸乃声中万古心。

真娘为何成了"假娘"?

这是二十多年前的一次游历,那时我高中刚毕业,为了缓解我高考后的紧张情绪,母亲便买通票带我去苏锡常一带旅游。

我们来到了有"吴中第一胜"之称的苏州虎丘。入虎丘山,过海涌桥,出断梁殿,沿山道经试剑石拾阶而上,只见绿树黄花掩映处,一座四角飞檐的亭子依岩而建。登得亭来,迎面便是嵌在亭中壁上的大小两通石碑,均题为"古真娘墓",分别为清代陈铁坡、张潮二人所立。亭子下面,便是这位刚烈女子的坟茔。

真娘墓旁刻有真娘的生平介绍,说她是唐代名妓,本姓胡,从小父母双亡,弱质无依,不幸堕入青楼,琴棋书画,无所不工。后为守贞操,投缳自尽云云。传说茉莉花以前并无香气,真娘死后其魂魄便附于花上,从此茉莉花便有了芬

▲虎丘山真娘墓碑亭

芳，故茉莉又名香魂。人们同情真娘的不幸遭遇，于是千百年来便有许多文人墨客在真娘墓旁题诗抒怀，这其中最著名的当数白居易的词："真娘墓，虎丘道。不识真娘镜中面，唯见真娘墓头草。"正所谓"真娘声价艳千秋，多少新诗咏虎丘"[1]。

据陈铁坡撰写的《重修真娘墓碑记》记载，他曾于乾隆九年（1744年）慕名来虎丘凭吊真娘墓，但见蔓草荒烟，不可复识，心里不免怀疑：大概这是诗人假托的吧，不像西蜀薛涛、钱塘苏小小那样确有其人。后来他偶在东山庙（今万景山庄）后的一个"溷厕"（毛坑）中，发现有块断碑仆倒在污秽之中，拂去尘土，竟然就是真娘墓的石碑。他根据碑文又找到真娘墓址，便于第二年出资重修真娘墓，"葬残碑于穴中，树新石于旧地"，而这"新石"，便是眼前这通镌有"海陵[2]陈铁坡重建"的大碑；旁边毗邻而立的小碑则为"新安[3]心斋居士张潮山来氏重立"。顺便说一下，现在常有文史作者误将小碑的立碑者说成"张潮山"，实"张潮"之误也。张潮，字山来，号心斋居士，即林语堂先生大加激赏并译成英文的清代格言小品《幽梦影》的作者。

▲大小两通"古真娘墓"碑

虎丘之行随着岁月的流逝逐渐淡去，没想到时隔20年，网上一篇题为《真娘墓的"真"为何少了一横》的文章重又唤醒了我的记忆。文章写道："古真娘墓为虎丘著名景点之一，日日游客如流，极少有人注意到这'古真娘墓'中的'真'

---

[1] 见近人沈砺（1879-1946年）《虎丘吊阊间》诗。
[2] 海陵，今江苏泰州。
[3] 新安，今安徽歙县。

字，中间少了一横。即使注意到了，数百年来更罕有提出疑议，探个究竟。"作者进而大胆推测："难道有这种巧合吗？很可能他俩都认为这真娘就是个假娘，仅是诗人心中的寄托，所以故意把'真'字少写了一横，真中有假，假中有真。说句笑话，这少了的一横就是葬在墓中的残碑吧！所谓'葬残碑于穴中'。"

细细想来，我当初还真没注意到这大小两通"古真娘墓"碑上，"真"字都少了一横。长期的临池经验告诉我，"真"字少一横在行草书中经常出现，在楷书和行楷书中却极为罕见。为何两碑都少了一横？这其中必有缘故！

是上文所说的"真娘就是个假娘"吗？我想古人断不会为此等含沙射影的揶揄，更何况陈铁坡在《重修真娘墓碑记》中饱含着怜香惜玉的悲悯之情。是墓中的残碑代表"真"字少了的一横吗？那更是荒诞不经了。

仿佛电光石火一般，我猛然想起了清代的文字狱。对了，"真"字很可能是当时的避讳字！

果然，查阅史籍便会发现，清代为避雍正皇帝胤禛的名讳，举凡"胤"、"禛"、"真"、"贞"等字皆须避讳。为此，雍正兄弟名字中的"胤"字，一律改为"允"。清代著名诗人王士禛（1634—1711年）死后10年还被改名为王士正，后又钦命再改为王士桢。就连北宋的开国皇帝赵匡胤、明朝的亡国之君崇祯，也被莫名其妙地改为"赵匡允"、"崇正皇帝"。天下地名，凡涉及讳字的，一律钦定改动，如河北真定、河南真阳、甘肃真宁，都相应被改为正定、正阳、正宁。

在古代中国，必须回避君主、尊长的"名讳"。在言谈和书写时，凡遇到君主和尊长的"名讳"，一律要加以回避，否则就触犯大不敬之罪。陈垣先生在《史讳举例》一书中说："避讳常用之法有三：曰改字，曰空字，曰缺笔。"

如缺笔之例。清康熙帝之名讳为玄烨，故"玄"、"烨"之最后一画须省略。

玄 ⇒ 玄

烨 ⇒ 烨

由此，"古真娘墓"上的"真"字少一横也就很容易解释了。我也顿然明白了在乾隆十年（1745年），陈铁坡为何要"葬残碑于穴中"，而不是让其重光于世,看来此残碑上很可能是不缺笔的"真"字,这在当时属大不敬罪!此罪是重罪,臣民一旦触犯,一般都会被判死罪。

这种缺笔的"真"字在全国并非孤例。在宁夏同心县清真大寺的门额上,"清真寺"的"真"字也少了一横(见下图),当地认为是个错别字,其实这是避清代皇帝的讳。了解同心清真大寺的历史就知道,该寺始建于明初,但历史上曾经三次重修,后两次分别为清朝乾隆年间和光绪年间。

▲同心"清真寺"门额

再如苏州寂鉴寺的西天寺石屋旁的"真彼岸"石刻(见右图),其"真"字也少了一横。虽无年款,但通过避讳我们就可以大致推断它的年代。陈垣先生在《史讳举例》一书序文中指出,利用古代的避讳字,"可以解古文书之疑滞,辨别古文书之真伪及时代。盖讳字各朝不同,不啻为时代之标识,前乎此,或后乎此,均不能有是。"可知当为清雍正元年(1723年)以后所刻。

不过,这种缺笔的"真"字后世也相习沿用。浙江青田县阜山乡有一座清真禅寺,由原中国佛教协会会长赵朴初题写的寺名,其"真"字即为两横。当地导游不

▲苏州寂鉴寺"真彼岸"刻石

解其意，认为其中蕴涵深刻人生哲理，便作如是解说："真"字少一横，这是赵朴老有意这样写的，因为他认为世界上没有尽善尽美的事，要以平常心对待万事万物。

▲赵朴初题写的"清真禅寺"

陈垣先生在《史讳举例》中说："雍乾之世，避讳至严"。清代避讳制度执行最为酷烈的正是雍正、乾隆年间。在古真娘墓碑上，我们看到了中国历史文化中最为黑暗狞厉的一面，这也使得我们古老的文字背上了沉重的历史因袭和原罪！

玉宇澄清万里埃　错字平反篇

欧阳修："文章太守"咋成"风流太守"？

一段时间以来，一篇题为《中国五大著名错字》的文章，广泛流布于网络和平面媒体。作者武断地对我国文物古迹和旅游景区内的一些所谓"错字"妄加揣测和解读，更有甚者，还据此肆意地向历史人物大泼污水，极尽造谣污蔑之能事。请看其中的一节"最具哲理的错字——'流'"——

在江苏扬州大明寺的平山堂，有一块"风流宛在"匾额，出自清光绪初年两江总督刘坤一之手，据说是刘坤一为追念曾在扬州任主政官员的欧阳修所作。"风流宛在"这四字中有两个错字："流"字少一点，而"在"字多一点。

这又是怎么一回事？原来，历史大名人欧阳修在扬州时是个"风流太守"，在多而善风情、色艺双绝的扬州美女石榴裙下曾弄出了不少韵事。

刘坤一把"风流宛在"中的"流"有意少写一点，"在"字多一点，意思不言而喻，希望少点风流，多点实在，极富哲理，同时曲笔点出欧阳修当年行为上不检点。这样的字，错得恰到好处，所以至今也无人说三道四……

▼扬州平山堂"风流宛在"匾额

否！本人今天就要来一番说三道四，将无知小子对古代先贤的造谣污蔑彻底洗清！

熟悉历史的朋友们都知道，欧阳修是北宋著名的文学家、史学家和政治家，他公忠体国，直言敢谏，屡屡得罪权贵，仕途跌宕起落。庆历五年（1045年），欧阳修因参与范仲淹等人推行的"庆历新政"，被贬为滁州太守。之后，又改知扬州、颍州和应天府。

在扬州，欧阳修兢兢业业地主政牧民，普施教化，使扬州出现了政通人和的气象。公务之余，他又寄情山水，探幽访胜，在扬州城外的蜀岗筑平山堂以作讲学、游宴之所，并在堂前手植"欧公柳"。一阕《朝中措》留下了他在扬州的风流行藏："平山栏槛倚晴空，山色有无中。手种堂前垂柳，别来几度春风？文章太守，挥毫万字，一饮千盅。行乐直须年少，尊前看取衰翁。"上阕中，以王维"山色有无中"的成句，描写了从平山堂内向四野望去的美妙景色；而"手中堂前垂柳"又暗用陶渊明"五柳先生"的典故，表达了自己的归隐情结。

欧阳修在扬州为官不足一年，时间虽短，却留下了无穷财富。他吟咏酬唱的平山堂，还有他的道德文章、风华才气，深得时人嘉许，后人称颂。之后当过扬州太守的苏东坡专程来到老师居住过的平山堂游览，感慨系之，特填《西江月》一首赞曰："三过平山堂下，半生弹指声中。十年不见老仙翁，壁上龙蛇飞动。欲吊文章太守，仍歌杨柳春风。休言万事转头空，未转头时皆梦"。在文学上曾亲聆欧公教诲的一代名臣王安石，尽管在政见上与其龃龉不合，甚至为实施《青苗法》将欧公贬谪出京，但在凭吊平山堂时也抑制不住内心的钦敬："城北横冈走翠虬，一堂高视两三州。淮岑日对朱栏出，江岫云齐碧瓦浮。墟落耕桑公恺悌，杯觞谈笑客风流。不知岘首登临处，壮观当年有此不？"①把平山堂与襄阳岘山的"堕泪碑"②相对举，足见欧公的风范感人之深。难怪清代扬州知府伊秉绶在题平山堂的楹联中要大为感慨："几堆江上画图山，繁华自昔。试看奢如大业，令人讪笑，令人悲凉。应有些逸兴雅怀，才领得廿四桥头箫声月色；一派竹西歌吹路，传诵于今。必须才似庐陵，方可遨游，方可啸咏。切莫把秋花浊酒，便当作六一翁后余韵流风。"平山堂留下了欧公遗迹，

---

①见王安石《平山堂》诗。
②堕泪碑又名"羊公碑"，是襄阳百姓为怀念西晋著名政治家、军事家羊祜而立。羊祜死后，每逢时节，当地百姓都会前来祭拜，睹碑生情，莫不流泪。羊祜的继任者、西晋名臣杜预因而把此碑称作堕泪碑。

道德文章冠古今的欧阳修也为平山堂造就了千载声名。

综合以上诸位先贤对欧阳修的评语,可断定平山堂中刘坤一所题之"风流宛在",表达的只能是对欧公的钦敬怀想之情,绝没有什么"醉翁之意",只是直白地告诉世人作者游览平山堂后的主观感受——欧阳修当年的诗才风流仿佛到今天还如在目前。

而所谓"风流宛在"中的两个错字,即"流"字少一点,"在"字多一点,在古代也根本没有什么错误。有人将其列入全国十大错字,其实自己才是大错特错了。

我们首先看"流"字。下图为北京北海公园阅古楼内乾隆御笔亲题的"翠涌虹流"①匾额,"流"字就少了一点。

▲北海"翠涌虹流"匾额

不仅古人这么写,我们再看当代著名书法家启功先生题写的"流光可惜","流"字也没有一点。

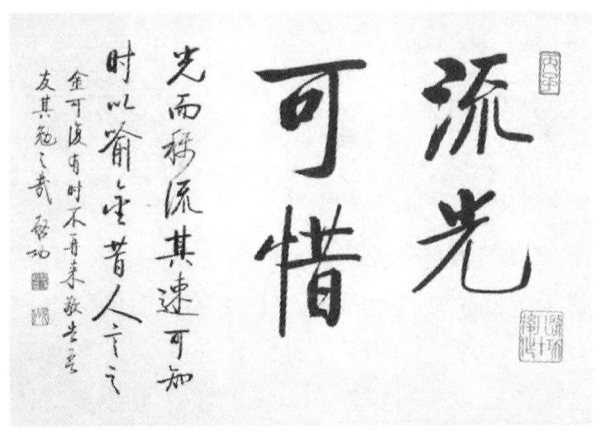

▲启功先生"流光可惜"书作

---

① "翠涌虹流"典出苏轼《过虔州登郁孤台》诗:"山为翠浪涌,水作玉虹流"。

对此，我们还应从字源学上作一番溯源探究。下面是"流"的字形演变：

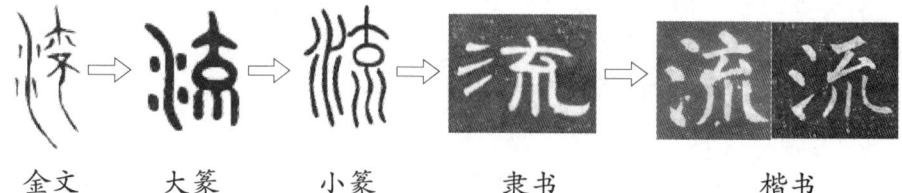

金文　　　　大篆　　　　小篆　　　　隶书　　　　　楷书

"流"字最早见于金文，甲骨文中尚无此字。从其古文字（金文、大篆、小篆）可以看出，"流"字右上为一倒写的"子"字，在隶书仍保留此形。楷书则出现了加点的"流"和不加点的"流"两种情况。唐颜元孙的《干禄字书》注明，不加点的"流"是俗体，而加点的"流"为正体。但在实际书写中，这种不加点的"流"更受古人的喜爱。如王羲之《兰亭序》中的两个"流"字都不加点，欧阳询的《九成宫醴泉铭》中甚至出现了五个不加点的"流"字，而唐伯虎的《落花诗册》中也有两个不加点的"流"。

下面撷取一些著名碑帖中的俗体"流"字，以为佐证：

（东晋）　　　（东晋）王羲之　（南朝宋）　　（隋）智永　　　（唐）欧阳询
《爨宝子碑》　《兰亭序》　　《爨龙颜碑》　《真草千字文》　《九成宫醴泉铭》

（唐）钟绍京　（宋）苏轼　　（宋）米芾　　（元）赵孟頫　　（明）唐寅
《灵飞经》　《洞庭中山二赋》《苕溪诗卷》　《前后赤壁赋》　《落花诗册》

知道了这种不加点的俗体"流"并非错字，我们也就可以为另一起"错字"冤案平反了。在湖南芷江抗战胜利受降纪念坊的背面门额上，由国民政府湖南省主席王东原（1899—1997年）题写的"万古流芳"（见下页图），"流"字也没有一点。当地流传着一种说法，认为是王东原故意写错的，寓意希望中国从此不再遭受外患，流血少一点。

还有河北山海关孟姜女庙中的"万古流芳"匾额，"流"字也少了一点，当地认为意指孟姜女的泪已哭干。

玉宇澄清万里埃　错字平反篇

▲芷江抗战胜利受降纪念坊"万古流芳"门额

接下来我们再谈这个加点的"在"字。在古代碑帖中，这种加点的"在"字很常见，并无任何寓意。

（东晋）
王羲之

（东晋）王珣
《伯远帖》

（北魏）
《高庆碑》

（南朝宋）
《爨龙颜碑》

（唐）李世民
《晋祠铭》

（唐）杜牧
《张好好诗卷》

（元）赵孟頫
《汉汲黯传》

（元）鲜于枢
《麻徵君透光古镜歌》

在书法创作中，"在"字加点不加点完全根据书写者的实际需要。"风流宛在"的"在"字之所以加点，主要起到收笔并与右边三字相呼应的作用。再如山西平遥日升昌票号有副著名的楹联："轻重权衡千金日利，中西汇兑一纸

77

▲ 平遥日升昌票号多一点的"纸"字楹联

风行"(见下页图),下联的"纸"字就加了一点,当地认为是寓意"日升昌"的汇票多一点的意思,其实完全是误解。

另外,从词义上分析上述关于"风流宛在"匾额的说法也漏洞百出。我们知道,"风流"一词的古今词义差别很大。在古代,"风流"多指士大夫的才华风采、仪表风度,如"是真名士自风流",毛泽东的"数风流人物,还看今朝";也可指流风余韵,如辛弃疾的"舞榭歌台,风流总被雨打风吹去"。随着时间的推移,"风流"的贬义用法逐渐普遍,到了现代汉语里,已成了"放荡的男女关系"的同义语了。联系清末当时的语境,"风流"一词的贬义用法虽已出现,但多用于民间口语中,不可能出现在匾额题字里。另外从文本分析,"风流宛在"的使用类似于"音容宛在",表达的只是对逝者的怀念,因此可以断定刘坤一所用"风流"一词为褒义。

最后,再看"实在"一词。"实在"是一个偏正词组,比较侧重的中心意义是"实","在"字仅起凑足音节、使意思表达得更完整的作用。所以,通过一个"实"字我们可以联想到"实在"之意,但仅通过一个"在"字是绝对不可能与"实在"发生联系的。故所谓的"'风流'少一点,'实在'多一点",完全是好事之徒无中生有的编造和戏说。

玉宇澄清万里埃　错字平反篇

"峰"字暗藏康熙寻父秘密？

十年前，我随人民日报总编室的同事一起去山西五台山旅游。沿着108级陡峭的石阶，登上了位于灵鹫峰上的菩萨顶，只见山门前的木牌楼上有"灵峰胜境"四个蓝底鎏金大字。

▲五台山菩萨顶牌楼

"灵峰胜境"四字为康熙皇帝御笔亲题，其中的"峰"字写法与我们现行汉字有所不同，一是变左右结构为上下结构，写成了"峯"；另外，就是"峯"字下部的"丰"为两横。

导游介绍说，"峯"字下的"丰"少写了一横，这是康熙爷在五台山留下的错字。说起来这个错字还与一段重大历史事件有关呢，这就是"清宫三大悬案"之一的顺治皇帝出家之谜。

79

错字的尖叫

接着，导游便绘声绘色地讲起来：顺治皇帝在他24岁那年便驾崩了，宫里传出的消息是死于天花，而民间却另有说法，认为顺治为情所困，到五台山出家当和尚去了。一次，康熙借来五台

▲ "灵峯胜境"匾额

山拜佛为名，悄悄打听父皇的下落，当行到灵鹫峰菩萨顶附近时，遇到一位仪表非凡的僧人。他便上前与他打招呼，僧人自称名叫"八乂"。下山后，康熙反复念叨"八乂"，猛然醒悟："父"字拆开，不就是"八乂"么？原来自己遇见的那个僧人就是父皇啊！康熙赶紧上山寻父，但"八乂"却不见了踪影。康熙甚感失落，故而在题写"灵峯胜境"时，有意将"峯"字下的"丰"少写了一横，寓意"父子缘薄不相识，人生有憾难圆满"。

应该说，这段康熙寻父的故事确实很感人，但显系好事者演义编造出来的。由匾额上的落款我们知道，康熙题匾的时间为甲戌年仲夏，即康熙三十三年的1695年，此时距康熙亲政的1667年已过去了28年[①]。康熙时隔28年后再去寻父，显然与情理不合。事实是，从康熙二十二年（1684年）起，康熙皇帝就先后五次巡幸五台山，瞻谒文殊圣像，赐题碑文匾额，把五台山佛教当成了怀柔蒙、藏等民族的工具，以达到安定统一的目的。另外非常重要的一点就是，康熙所题"峯"字根本就不是什么错字。

事实是，古人在书写"峯"字时，下面的"丰"既可写成两横，也可写成三横。如王羲之《圣教序》中的两个"峯"字都是两横（见下左图）。

康熙书宗明朝的大书法家董其昌。下右图是董其昌所写的"峰"字，"丰"也是两横。

▲（东晋）王羲之　　　　▲（明）董其昌

[①] 康熙1661年8周岁登基，1667年14岁亲政。

另外，杭州西湖东南有一座吴山，由宋代著名理学家朱熹题写的"吴山第一峰"，其"峰"字下也是两横，当地同样认为是个错字。

▲ "吴山第一峰"摩崖刻石

不过最有力的证据，还是康熙题写的杭州西湖十景之一的"雷峰夕照"碑了。与五台山"灵峰胜境"匾额完全一样，"雷峰夕照"碑上的"峰"字也写成了"峯"，且下部也是两横。可见这种写法仅是康熙个人的书写习惯，绝无任何深意可言。

▲ 杭州西湖"雷峰夕照"碑

错字的尖叫

巧合的是，本书的48篇文章中，竟有4篇与康熙有关①，故有人戏称他为"史上写错字最多的皇帝"。康熙真是冤哉枉也！再如济南趵突泉公园有一通康熙、乾隆祖孙两代皇帝合题的"双御碑"（见下图），碑阳上的"激湍"二字为1684年康熙三游趵突泉时所题，其"激"字中间写成了"身"。当地认为康熙之所以写这个"错字"，一是表示自己醉心于趵突泉"云雾润蒸华不注，波涛声震大明湖"的壮丽景观；二是有"如朕亲临"的意思，既赞叹了趵突泉，又显示了帝王的身份，可谓一举两得。

▲趵突泉公园"双御碑"

其实，康熙"激"字的写法确有所本，并非错字。在下列例字中，王羲之、柳公权、赵孟頫这些大书法家都这样写过。康熙不过是学步而已。

（晋）王羲之　　（唐）李邕　　（唐）柳公权　　（元）赵孟頫　　（清）赵之谦

①另三篇见《乱解"苏堤春晓"令人喷饭》、《康熙为何写三点水的"鱼"？》、《"天下第一错字"原是谬说》。

需要说明的是,这种写法并非"激"的异体字,只是书法中的变通写法。至于古人为何这样写,我想可能是处于书写便捷的需要。因"激"字为左中右三部分构成,而中间部分又分成了"白、方"上下两部分,结字过于繁复松散,故而将中间部分整合为"身"。

康熙于汉文化修养甚深。据史书记载,康熙"自五龄受书,诵读恒至夜分,乐此不为疲也";他读"四书","必使字字成诵,从来不肯自欺"。康熙又喜好书法,"每日写千余字,从无间断"。继位后,学习更加勤奋,甚至过劳咯血。在出巡途中,康熙谈《周易》,看《尚书》,读《左传》,诵《诗经》,赋诗著文,习以为常。直到花甲之年,仍手不释卷。要说康熙写错字,比较可信的说法是他去杭州灵隐寺,因多喝了点酒,方丈请题寺名时,结果"靈"字的"雨"字头写大了,底下的笔画不好安排,只好将错就错改写成了"雲"字,于是灵隐寺就变成了"云林禅寺"(见下图)。

▲灵隐寺"云林禅寺"匾额

错字的尖叫

"碑"字少一撇是林则徐自寓丢"乌纱"?

▲ 西安碑林"碑林"匾额

走进闻名遐迩的陕西西安碑林，可看到中轴线上有一座重檐四角亭，里面矗立着"碑林第一碑"——著名的《石台孝经》①。在两层飞檐的中央，悬挂着一块"碑林"匾额。这两个字写得柔中含刚、清劲秀博，堪称书法中的极品。

"碑林"匾额并无落款，传为道光二十一年（1841年）七月，林则徐被革职发往新疆伊犁，途经西安时所题。

林则徐不仅是近代中国"开眼看世界的第一人"，也是一位功力极其深厚的书法家。其楷书以欧、颜为基本路数，又独出新意，自成一格。从书风上判断，"碑林"二字为林则徐所书应无太大问题。

---

① 人们通常称《石台孝经碑》为西安碑林第一碑，不仅因其是碑林第一迎客碑，更重要的是此碑碑文是传为孔子所撰的《孝经》，并由唐玄宗以隶书抄写，唐肃宗题写碑额。

然而，令很多游客困惑不解的是，与现行简化字不同的是，林则徐所题"碑"字，上面却少了一撇？是林则徐写错字了吗？如果连最基本的汉字都写错，这位名震天下的禁烟英雄又怎能在20岁中举、27岁金榜题名中进士呢？于是便有人猜测是林则徐有意写错字："碑"字头上的一撇没有了，是林则徐自寓丢了乌纱帽①，这是他当时心境的自然流露。这种说法在社会上广为流布，"碑林"的"碑"字也被列入中国古迹景区内的"著名错字"。

上述说法似乎可以自圆其说，很多人都深信不疑。但很少有人反过来想一想，林则徐也不能因自己被罢官，就写错别字泄愤啊？更何况是供大众观瞻的匾额，以林则徐的严谨和忠义，断不屑为此等无聊荒唐之事。

其实，不仅是古人，一直到解放初期，"碑"字也多是这样写的。在我国第一条商业步行街——重庆解放碑中心购物广场，立有一座人民解放纪念碑②，碑文由重庆解放后时任西南军政委员会主席的刘伯承题写，上面的"碑"字也没有一撇，很多人也认为是个错字。

好了，还是让我们考证辨析一番吧。翻开古代碑帖，您会发现在下列中国书法史上的名碑法帖中，"碑"字多没有一撇。

▲重庆"人民解放纪念碑"

---

① 清代应是摘掉"顶戴花翎"。官员头戴乌纱帽起源于东晋，直至明代。
② 原名"抗战胜利纪功碑"，是抗战胜利和重庆解放的历史见证。

（东汉）	（东汉）	（东汉）	（北魏）	（北魏）	（北魏）
《白石神君碑》	《冯君碑》	《赵𡎺碑》	《晖福寺碑》	《张猛龙碑》	《郑文公碑》

（隋）	（唐）	（唐）	（唐）	（唐）	（元）
智永	武则天	颜真卿	颜真卿	柳公权	赵孟頫
《真草千字文》	《升仙太子碑》	《多宝塔碑》	《颜勤礼碑》	《玄秘塔碑》	《仇锷墓志铭》

无需再举了。可见，在古代通行的官方正体字中，无论是颜真卿、柳公权、赵孟頫这些大书法家，还是贵为皇帝的武则天，"碑"字多没有那一撇。难道你能说，这些书碑者都丢官罢职不成了吗？其实，就在西安碑林那些名碑大碣上，几乎所有的"碑"字都少了一撇①。

那么，究竟是谁错了？古人，还是今人？

为此，我们需要从字源学上对"碑"字作一番溯源探究。

由于我国在先秦时尚没有碑②，所以"碑"字的出现时间较晚，最早可见的字体为古文。下面是"碑"的字源演变：

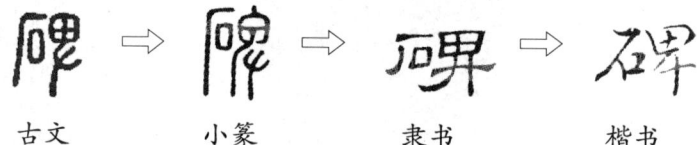

古文　　小篆　　隶书　　楷书

关于"碑"字，《说文解字》解释为："碑，竖石也。从石卑声。"据此可知，"碑"为形声字，其右边的"卑"为声符。

好了，下面我们再从"卑"字入手，看看它的字源演变：

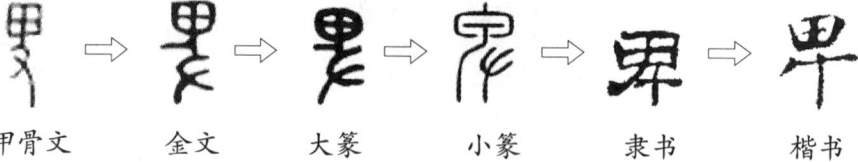

甲骨文　　金文　　大篆　　小篆　　隶书　　楷书

①现在通行的加撇的"碑"字为其俗字。
②世称"石刻之祖"的石鼓文为碣。

许慎在《说文解字》中对"卑"的解释为:"卑,贱也。执事者。从𠂇①甲。"南唐至宋的徐锴进一步对此解释道:"右重而左卑,故在甲下。"

由此我们知道,"卑"的上半部其实是个"甲"字。我们再看看"甲"的字源演变:

甲骨文	金文	大篆	小篆	隶书	楷书
十	十	田	中	甲	甲

从"甲"字的字源演变我们可以看出,"甲"字在大篆时尚不出头,只是到了小篆时,为了书写时分出左右两笔才出头。但是,到了隶书、楷书中又去掉了。

这种演变过程在东汉《西岳华山庙碑》篆额上的"碑"字中留下清晰的痕迹。大家看,"碑"字的"甲"起笔时略出头,这是因为小篆易方为圆、化角为弧,书写时要分出左右两笔。

▲(东汉)《西岳华山庙碑》

综上分析可知,既然"碑"字的右上部是个"甲"字,就完全没有必要加那么一撇。同时这一撇又并非什么表意符号,只是小篆书写便捷及其装饰性的需要而已,去掉完全无损"碑"字的涵义。因此,在"碑"字上加一撇纯属画蛇添足,简化字完全应该把它去掉。事实上,这种不加撇的"碑"在古代才是官方通行的正字,而加撇的"碑"则为其俗字。遗憾的是,在汉字简化时却舍简取繁、舍正取俗,从而造成了文化上的混乱和今人阅读古代文献上的障碍,这不能不说是一个失策。

---

① 𠂇,《说文解字》的解释为"左手也"。

郭沫若 50 年后的文字公案

在陕西西安东郊的浐河、灞河之间，有我国第一座史前遗址博物馆——半坡遗址博物馆。半坡遗址是我国黄河流域比较典型的母系氏族公社的村落遗址，1957 年半坡博物馆在半坡遗址上建成，1958 年 4 月正式对外开放。

▲半坡遗址博物馆

沿着青石台阶拾级而上，只见遗址大门的门头上有郭沫若先生题写的"半坡遗趾"四个遒劲有力的大字。然而，令人奇怪的是，不知什么缘故，郭老却将"遗址"写成了"遗趾"。

按照"半坡遗址导游词"的说法,"半坡遗趾"的"趾"为错字,并给出了两种解释:"有人认为这是郭老一时喝多了手下之误;但更多的人则认为郭老之所以这样写是有其用意的,它意味着我们的祖先从远古一步步地走向了现代。"

另据半坡遗址博物馆副馆长何周德介绍,"半坡遗趾"是郭老1957年11月在建馆期间参观时所题。"1958年开馆时,展示大厅就用郭老的'半坡遗趾'的题字,一直用到现在。"何周德称,当时郭老的题字经放大后做成水泥质地装在了大厅的门头上(见下图)。2003年展厅翻修时,又被整块切割下来,并于2006年新大厅建好后原样镶嵌上去。

▲原西安半坡博物馆史前遗址保护大厅

作为著名历史学家、古文字学泰斗的郭沫若何以犯下如此低级的错误?50多年过去了,尽管人们猜测质疑不断,但这个题字还是从开馆一直使用至今。

2011年7月30日,《华商报》一篇题为《半坡遗趾?半坡遗址?哪个对?》的文章打破了半个世纪的沉寂,将已故多年的郭沫若重新推向舆论的风口浪尖。文章最后向读者提出:"请你说说看,是郭沫若先生题字写错了,还是别有用意?"从而掀起了长达数月之久的一场全民大讨论。

在"郭老为啥用'趾'至今还是谜"的小标题下,《华商报》的文章称:"无论是查阅《新华字典》,还是查《辞海》,都只有'遗址'之说,并没有'遗趾'的词条。为什么郭老用'趾'而不是'址'?是不是郭老一时的笔误?甚至有人认为这是郭老喝多了手下之误。"

对此,半坡遗址博物馆副馆长何周德辩称,郭老用"趾"应该是有他的用意的,至于用意何在,现在还没有相关的史料说明。何周德同时提供了郭沫若在1959年7月6日给半坡遗址博物馆写的另外一幅字,其中就有"今来半坡观先民遗趾"之句,依然用的是"趾"而非"址",故断言:"时隔两年还是用同一个字,说明这就不是郭老一时的笔误了。"

另据从事语文教学多年的陈汉民老师的观点,郭老用"趾"并没有错。他所以用"趾"而不用"址",其一是有踪迹之意,认为遗址是遗存下来的一鳞半爪而不是全貌。其二是"趾"通"址",《文选》中潘岳的《西征赋》有"擢百寻之层观,今数仞之余趾"之句。

对此,网友"雪拥蓝关"在《别再为尊者讳了》这篇措辞激烈的博文中,反驳何周德副馆长的观点,认为"这结论不但不能服人,而相反恰恰说明是他(郭沫若)写了错别字,只能说明他写这个错别字已经成了习惯,无人提醒他,再过10年他还会这么写!"同时还批评陈汉民的辩护过于臆测。

应该说,何周德副馆长提供的证据还是有说服力的,但认为郭老用"趾"有其用意,则又失之于主观臆测。而"雪拥蓝关"认为郭老写"遗趾"已成习惯,也就是说他根本不知道"遗址"的正确写法,则又过于绝对。右图是郭沫若在五十年代题写的"周口店遗址",就没有用"遗趾",显然郭老是很清楚"遗址"的写法的。

我们再看《华商报》的文章,该报记者虽然做了案头工

▲郭沫若题写的"周口店遗址"

作，查阅了《新华字典》和《辞海》，但还是出现了疏漏。在《汉语大词典》（普及本）第1283页中就有"遗趾"的词条，明确注明"犹遗址"，并举出例句："明陈宏绪《寒夜录》卷中：'吴彩鸾仙迹在吾郡紫极宫，今写韵轩其遗趾也。'"另外，在《古代汉语词典》第2024页中，关于"趾"字的第三个义项为："趾通址。地基，地址。"如左思的《魏都赋》："巍巍标危，亭亭峻趾"。故语文老师陈汉民所举的第二个例证完全正确，但他认为郭老这样写暗含"踪迹"的寓意，正如"雪拥蓝关"批评的是过于臆测了。

通过以上探究，我们可以非常肯定地得出结论：郭沫若所题"半坡遗趾"没有写错字，"趾"为"址"的异体字，可以通用。郭沫若的这一未了公案应该了结了。

至于郭老为何放着"遗址"不写而写"遗趾"，我想这很可能是出于文人、书法家的一种喜好，那就是爱写奇字，而这所谓的"奇字"便是异体字。

文人、书法家喜用异体字的现象，可上溯至汉魏六朝。如王羲之在《兰亭集序》中就写过异体字，其"俛仰之间，已为陈迹"的"俛"通"俯"，字形不同而音义完全一样。北宋张元干有诗云："有意载酒问奇字，无事闭门抄异书"，可见文人喜欢书写古文奇字的风气一直就没有中断过。逮至明清之际，这个传统格外兴盛起来，文人们变本加厉地把怪字引进书法。陈洪绶喜欢写怪字，王铎、傅山也喜欢写异体字。时至近现代，有此好者仍大有人在。如左图这副鲁迅写给瞿秋白的著名对联"人生得一知己足矣，斯世当以同怀视之"，上款所署"疑仌道兄属"中有3个异体字或古今字。其中的"疑"古通"凝"，"仌"为"冰"的古文，（"凝冰"为瞿秋白的笔名），"属"同"嘱"。

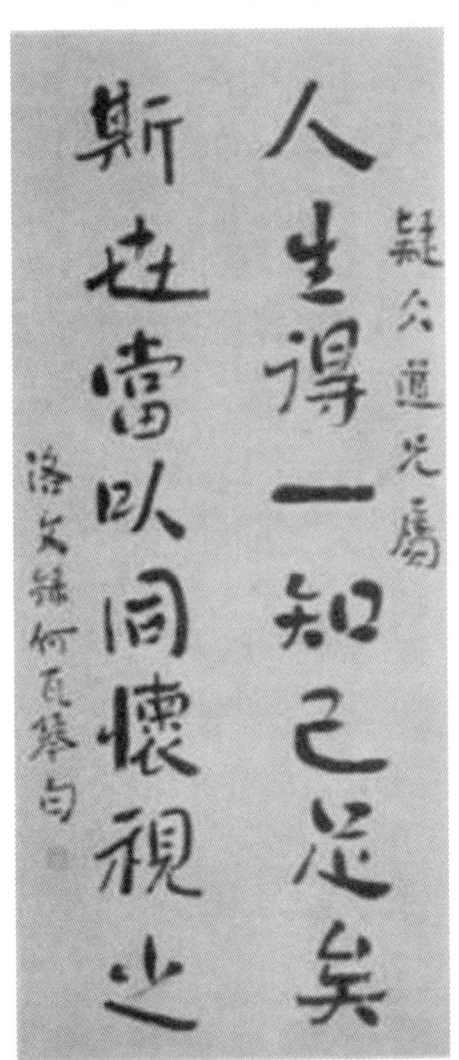

▲鲁迅赠瞿秋白对联

> 错字的尖叫

其实，这种对古文奇字的喜好，说的好听是承袭传统，说的不好听就是卖弄学问。第二版《汉语大字典》共收录楷书单字60370个，其中一半以上都属异体字，这为文人、书法家们提供了充足的创作资源，也使得人们面对文人、书法家的题字有时如读天书，匪夷所思。

2001年施行的《中华人民共和国国家通用语言文字法》第十七条规定，文物古迹、姓氏、书法、篆刻、题词和招牌的手书字等，可以保留或使用异体字。这为书法家们在法律范围内书写异体字提供了空间和便利。但是，作为面向社会、服务大众的博物馆，使用异体字容易造成人们释读上的障碍和文字上的混乱，显然又不宜提倡。当然郭老题写"半坡遗趾"已然是历史事实，尤其名人题词具有很高的历史文化价值，故无需更改。但博物馆方面也应向游客做好解释工作，不应对"遗趾"作过度阐释，编出什么"祖先从远古一步步地走向了现代"的荒谬说法来。

为"出现最多的错字"平反

还是在网上广为流传的《中国五大著名错字》这篇文章中,作者以"无知者无畏"的勇气,肆意指摘古人的所谓错别字。请看其中的"出现最多的错字——'明'"——

在南京的明太祖朱元璋明孝陵上,细心的游人至少可以发现两处错字:在明孝陵保护碑上,"明孝陵"写成了"眀孝陵";入明楼,在陵墓宝顶正南面的石砌墙体上有"此山明太祖之墓"七个字(见下图),其中的"明"也写成了"眀"。

"明"是国内景点出现最多的错字。成都武侯祠有块匾额叫"明良千古","明"就写成"眀"(见下页上图);新都宝光寺"光明世界"匾,"明"字也写成"眀"(见下页中图);济南大明湖的门牌上"明"字,同样写成"眀"(见下页下图)。

清代把"明"写成"眀"的现象很多。清代文字狱厉害,文人在许多场合不敢直书大明王朝中的"明",担心惹祸,但又不能绕过此字,于是把"日"易为"目",意思是"睁眼写错字"。

另一种说法相反,用"目"代替"日"是一种智慧,代表一双慧眼。如武侯祠的"明良千古"就是这用意,"明君之明重在能识人、识势",所以重"目",而诸葛亮正是这样有眼光的人。

▲明孝陵"此山明太祖之墓"刻石

▲成都武侯祠"明良千古"匾额

▲新都宝光寺"光明世界"匾额

▲济南"大明湖"门额

应该说,该文作者有一点发现是正确的,那就是古代的"明"字多写作"眀"。但他武断地认为"眀"为错字,而且是"出现最多的错字",并附会赞同那些错误的说法,却是滑天下之大稽。关于"明"字,我们还是向《说文解字》讨说法吧。

查阅《说文解字》,我们在9353个汉字中仅能找到这个"朙"字。《说文解字》的解释为:"朙,照也。从月囧,凡朙之属皆从朙。"并附录"朙"的古文 ,指出"古文从日"。由此我们知道,"朙"的古文其实就是我们现在的通行简化字"明",其造字原理亦即我们常说的"日月为明"。

对此,清代段玉裁在《说文解字注》中解释道:"云古文作明,则朙非古文也。盖籀作朙,而小篆、隶从之。《干禄字书》曰:'明通,眀正'。颜鲁公书无不作眀者。《开成石经》作明,从张参说也。《汉石经》作明。"

在《说文解字注》中,段玉裁指出了"明"字有三种写法:"朙、眀、明"。但他在征引唐颜元孙的《干禄字书》时却出现了错误。《干禄字书》只收入"明"、"眀"两种写法,指出"上通下正",即"眀"为正字,"明"为通字,而现在通用的"明"字根本不在《干禄字书》的收录范围内。这也从侧面说明了为何在唐以前鲜有写作"明"的,只是到了宋以后才逐渐增多。

这样我们就清楚了"明"的正体字应为"眀",从月从囧,为会意字。

看到"眀"字中的"囧",相信大家眼前定会突然一亮。这个长期废止不用的古文字近年来忽从故纸堆中死灰复燃,被赋予新意,迅速暴热网络,竟成了"21世纪最风行的汉字"。在昆明"明永历帝殉国处"石碑①上,也刻有这样的"眀"字,曾有游客惊奇地发现其中的"囧",并认为是个错字。

▲昆明"明永历帝殉国处"碑

"囧"字的风行可能与其古怪的字形有关。因它形如八字眉,下如一张嘴,便被赋予了郁闷、悲伤、无奈、困惑、无语等等意思,与"窘"一样表示在特殊情况下的一种极为窘迫的心情,因而成为网络聊天、论坛、博客中使用最频繁的字之一。

但遗憾的是,这只是现代人对"囧"字望文生义的理解,与其实际含义却相差十万八千里。"囧"在甲骨文中即已出现,它也是《说文解字》540个部

---

① 1912年蔡锷等以"三迤士民"的名义立。三迤为云南省的代称。

首之一，许慎在《说文解字》中有如下解释："囧，窗牖丽廔（lóu），闿明也"。认为"囧"为窗户的象形，像窗口通明之状。看来古人和今人一样，都是取其象形，只不过是窗户而非人脸而已。

甲骨文　　金文　　小篆　　楷体

这样，"囧"与"月"组合在一起，便成了"朙"。表示月光透过窗户照射进来，即光明之意。

下面我们再谈"明"的产生。在篆书向隶书演变的"隶变"过程中，"朙"字左边的"囧"讹变为"目"，成为"眀"。所以"眀"字中的"目"绝不是指眼睛，更不是什么"睁眼写错字"。

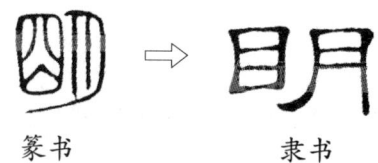

篆书　　　　隶书

在实际使用中，这种笔画简省的"眀"逐渐取代了笔画繁难的正体"朙"，成为广泛使用的通体。《康熙字典》对"眀"的注释为："古同明。田艺衡曰：古皆从日月作明。汉乃从目作眀。"说明自汉朝以后多使用"眀"，这也就是古代文献中大量出现"眀"字的原因。

▲舜帝陵"濬哲文眀"匾额

如今，在全国许多古迹景区中，还经常会看到这种"眀"字。如山西运城的舜帝陵，其献殿门楣上悬有一方康熙御题的"濬（浚）哲文眀"匾额（见左图）。当地导游说，匾额上的"哲"字提手写长，而口写小，是要百姓多动手少说话之意①；"眀"字写成目旁，是为了避明朝的"明"。

①其实这是古人的规范写法，源于"哲"的小篆𠽿。现在则变左右结构为上下结构。

再如江西婺源的李坑古村落，有座建于明朝末年的申明亭①，亭檐下悬有"申明亭"匾额。当地对"眀"字的说法是：多一只眼睛盯着恶人、坏人，让人明事理。

▲婺源李坑"申明亭"匾额

由明朝的"申明亭"我们也可以知道，把"明"字写成"眀"绝非清代才有的事情，所谓清代文人避"明朝"之讳而"睁眼写错字"的说法也就不攻自破了。

这正是——

　　　　汉字演化古今殊，
　　　　寻根溯源是正途。
　　　　望文生义最愚浅，
　　　　慧眼问道囧煞汝。

---

①明初，各地各乡普设"申明亭"，由本乡人推举公直老人在此调解民间纠纷。

"天下第一错字"原是谬说

河北承德避暑山庄的正殿大门上方悬有一块"避暑山庄"匾额,上面四个镏金大字为康熙皇帝的御笔,笔力雄浑遒劲,彰显了一代名君的王者之风,虽历经三百年仍熠熠生辉,堪称匾额中的极品。如果仔细观察就会发现,"避暑山庄"的"避"字"辛"下多出了一横,与我们现行汉字有所不同。

▲承德"避暑山庄"匾额

就因为这一横,避暑山庄的"避"字竟被指称为"天下第一错字"。如今在网上有一篇题为《天下第一错字是什么?》的文章,作者称:"之所以说它是'天下第一',是因为这字一是影响大,二是为大名鼎鼎的康熙皇帝所题,确确实实写错了,且找不出合理的解释理由,可谓'天大的错误'。"

对于康熙皇帝为何将"避"字多写一横,当地流传着诸多版本的说法,有的称:"康熙不是不会写,而是有意多写一横,寓意他的江山更稳。"有的则推测:"当年康熙皇帝不是来避暑的,而是避'天花',他怕老百姓说闲话,因此把避字多加了一横。"①还有的则认为,康熙忌讳"避"字有"逃避"之意,认为不吉利,所以就大笔一挥加上了一横。

"避"字多一横到底是笔误,还是另有深意?对汉文化有着精深造诣的康熙皇帝果真写错字了吗?还是他在文字中暗藏着什么玄机呢?其实上述这三种说法都毫无根据,大谬不然。为此,我们要从字源学上对"避"字作一番溯源探究。

关于"避"字,许慎在《说文解字》中解释为:"㯻,回也。从辵辟声。"据此可知,"避"为形声字,"辟"为声符。

我们再看"辟"字,《说文解字》释为:"辟,法也。从卩、从辛,节制其辠②也;从口,用法者也。"可见,"辟"为会意字,其义有二解,一为法律,一为君主。那么,"辛"又是什么意思呢?

在《说文·辛部》中,许慎对"辛"字是这样解释的:"辛承庚,象人股。"认为"辛"像人的大腿,是个象形字。不仅如此,许慎还认为"天干"诸字的字形与人体各部位之间存在着象形关系,它们共同组成了完整的人体。

《说文解字》对"甲、乙、丙、丁、戊、己、庚、辛、壬、癸"分别作了如下解释——

甲(甲):人头空为甲③。

乙(乙):乙承甲,象人颈。

丙(丙):丙承乙,象人肩。

---

① 事实是,康熙两岁患上天花。正是躲过了天花之劫,康熙才在皇位继承中胜出。
② "辠"为"罪"的古文,秦始皇以"辠"似"皇"字,故改为"罪"。
③《说文段注》称:"空,各本作宜。今依《集韵》作空为善。空、腔古今字。许言头空、履空、额空、胫空,皆今之腔也。人头空,谓髑髅也。"

个（丁）：丁承丙，象人心。

戊（戊）：戊承丁，象人胁。

己（己）：己承戊，象人腹。

庚（庚）：庚承己，象人齐[1]。

辛（辛）：辛承庚，象人股。

壬（壬）：壬承辛，象人胫。

癸（癸）：癸承壬，象人足。

许慎认为"辛"为象形字没错，但绝非人的大腿。因为许慎只是依据小篆字形来判断"辛"的字义，他并没有见到甲骨文[2]。在甲骨文中，"辛"是像錾凿一类的工具形，应是上古黥面的刑具。

下面是"辛"的字源演变：

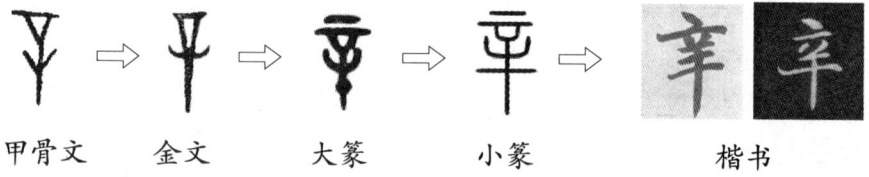

甲骨文　　金文　　大篆　　小篆　　　楷书

从"辛"的字源演变我们可以看出，甲骨文"辛"的字形结构比较简单，竖画两侧仅有后来演变为一横的尖斜画，金文的字形结构没有太大变化，到了大篆则在"辛"字的竖画下出现了一个粗圆点，在小篆中这个粗圆点则演变为一横。楷书则出现了分化，"立"下或两横，或简省为一横。前者是俗字，后者则为正字。

因"辛"字的不同写法，也就使得"避"字有了两种写法，一种是我们现在常用的"避"字；另一种就是"避"字的"辛"部多一横，这种俗体写法在古代的隶、楷、行诸体中屡见不鲜。

---

[1]指生殖器。
[2]《说文解字》是注释篆字的，书中附带注出的古文只有千余字。

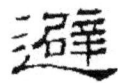 

《隶辨》　　（北魏）《元珍墓志》　　（唐）欧阳询　　（唐）陆柬之

（元）赵孟頫　　（清）雍正　　（清）姚元之　　（近）张祖翼

另外，在号称"天下第一楷书"的唐代欧阳询《九成宫醴泉铭》中，起首就有一个这样的"避"字。可以看出，康熙所题"避暑山庄"中的"避"字与欧阳询的极为神似，两者之间存在内在联系，他显然于《九成宫》下过一番工夫。

▲（唐）欧阳询　　　　　　▲（清）康熙

通过以上分析我们可以论定，避暑山庄匾额上的"避"字确有所本，在古代是非常规范的写法，绝不是错字。所谓"天下第一错字"之说纯属虚妄之谈，应予彻底澄清！

扬州个园里的怪字

个园是江苏扬州现存历史最悠久、保存最完好的盐商园林,原为清朝嘉庆年间两淮盐总黄至筠的家宅。个园采用古典园林前宅后园的形式,有三路豪宅,规划为三纵三进九宫格,暗含"福禄寿"的吉祥寓意,尽显一代盐商家居生活的奢华气派。

▲宜雨轩楹联下联

走进个园的大门,穿过红药阶,便来到一处宽敞明亮的厅堂——宜雨轩。

宜雨轩四面虚窗,凭轩可一览园中景物,是园主人接待宾客的场所,故又名曰"四面厅"。

在宜雨轩门前有一幅行书楹联:"朝宜调琴暮宜鼓瑟,旧雨适至今雨初来",为当代书画家费新我①先生左笔书写。下联中的"今雨"、"旧雨"出自杜甫的《秋述》小序:"秋,杜子卧病长安旅次,多雨生鱼,青苔及榻。常时车马之客,旧,雨来;今,雨不来。"后人便借用"今雨"、"旧雨"表示新朋老友。"旧雨适至今雨初来",意思是

---

①费新我(1903—1992年),原名省吾,字立千、号立斋,后改名新我,浙江湖州人。56岁时,因患结核腕关节炎,致使右手病残不能继续作书画。但他并未因此终止艺术生涯,而是改习左手执笔写字作画。

老朋友刚到,新朋友又来。所以,"宜雨轩"者,"宜友轩"也。

但是,在宜雨轩楹联的下联中却有一个怪字,"今雨"的"雨"字竟有七个点之多,淋漓之状俨然一幅图画(见下左图)。很多游客大惑不解,对此导游解释是:"雨点多是希望自己的朋友也能够多一点。"

▲七个点的"雨"

▲"雨"(古文)

"雨"字点多真可以代表朋友多吗?我们注意到,下联"旧雨适至今雨初来"中有两个"雨"字,上面"旧雨"中的"雨"字,费先生简省为两个点,而"今雨"中的"雨"字却用了七个点。按此逻辑,有人还认为是表示新朋友比老朋友还多的意思。

其实,"今雨"的"雨"字是费先生为避免重复字而采用的另类写法,这一写法来源于"雨"字的古文。

我们知道,"雨"是个象形字。《说文解字》的解释为:"雨,水从云下也。一象天,冂象云,水霝(líng)其间也。"另外《说文解字》还附有"雨"字的古文(见上右图)。

据此我们知道,"雨"字"冂"里的小点表示雨滴的轨迹。至于里面有多少个点,在古文中并没有一定之规,仅是示意符号而已。如下面《六书通》里的篆字,有4点,有6点,有9点,还有12点的;而上面《说文解字》中的古文"雨"字竟多达16点。在这里,费新我先生其实是用行草书写古文字,知道这一点,就见怪不怪了。

出了宜雨轩,通过中路中进,便步入一处三间两厢的院落,这里是黄至筠的次子黄奭(shì)夫妇的居所。在其堂屋太师壁的最高处,悬有一方"勤博"隶书匾额(见下页图),为清代著名学者阮元(1764 — 1849年)题写。

错字的尖叫

▲ "勤博"匾额

这时,导游会告诉你:"这'勤博'二字,'勤'少了一横,'博'少了一点,大学者阮元意在提示黄家二公子离勤和博还差'一点',需要再勤奋一些,更博学一点,学无止境啊!"

这种说法听起来颇有些励志色彩,实则是子虚乌有,妄测古人。其实,"勤博"二字都没有缺笔,是一种很规范的隶书写法。在隶书中,"勤"字一般都是两横(见下页图),这无论是汉隶还是清人隶书大抵都如此。

玉宇澄清万里埃　错字平反篇

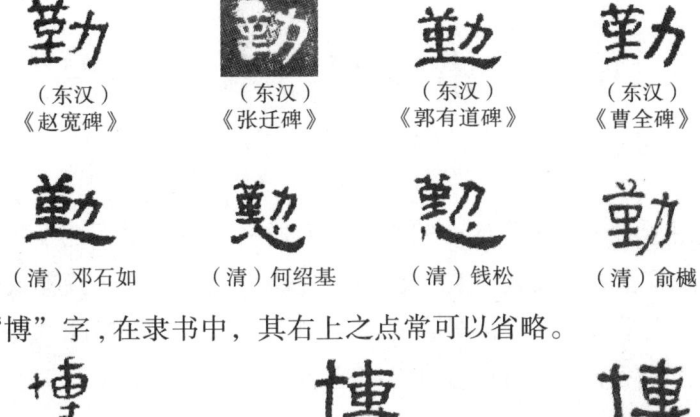

（东汉）《赵宽碑》　（东汉）《张迁碑》　（东汉）《郭有道碑》　（东汉）《曹全碑》

（清）邓石如　（清）何绍基　（清）钱松　（清）俞樾

至于"博"字，在隶书中，其右上之点常可以省略。

（西汉）《马王堆帛书》　（东汉）《张君碑》　（清）何绍基

（清）陈鸿寿　（清）谢景卿　（清）赵之谦

最后我们再了解一下屋主人黄奭的情况，就更能证明这种说法的轻率荒谬。黄奭（1809－1853年），清代著名的辑佚①两大家"南黄北马"②之一，同时在目录学、训诂学、音韵学、校勘学等诸方面广有建树，主要著作有《近思录集说》、《胪云集》、《清颂堂丛书》、《汉学堂丛书》、《汉学堂知足斋丛书》等，共计数百卷。黄奭十分推崇汉学，治学严谨，据《清史列传》③记载：黄奭"尝以所学质于仪征阮元，元称其勤博"。从文献资料的佐证来看，阮元所题之"勤博"应是对腹笥充盈的后辈学者黄奭的极口赞赏之语，绝对没有留有余地，让其再勤奋一些、更博学一点的意思。

---

①辑佚，是传统治学方法的一种。我国的古书因为兵、火、虫、水等原因，经常遭到散佚的命运，但有些散佚的古书尚有些片断存于其他书中。为此，把这些片断从有关文献保留的只言片语中剔出来，去伪存真，并加以考证，汇撰起来，以尽可能恢复古书的原貌，这就是"辑佚"。
②"南"指扬州的黄奭，"北"指济南的马国翰。
③《清史列传》是一部清朝人物传记书，共八十卷。不著编纂人，撰稿人不详。

西递"错字联"本无错误

在风景如画的世界文化遗产安徽黟县西递村古民居中，几乎每一堂、每一室都悬挂有洋溢着浓郁文化气息的楹联和匾额。这些楹联、匾额或体现了主人的思想情操，或反映出主人的处世哲学及伦理观念，细细品味真是字字珠玑，堪称金玉良言，除了为厅堂增添几分墨香雅韵外，也让后世子孙在耳濡目染中受到潜移默化的影响。

在西递村众多的楹联匾额中，最为游客们津津乐道的当数瑞玉庭中的"西递第一联"了，而这副楹联之所以有名却是因为它是一副"蕴含深刻寓意的'错字联'"。

瑞玉庭建于清咸丰三年（1853年），它的主人原为徽商世家。进入古朴典雅的厅堂，但见堂柱上悬挂着一副楹联："快乐每从辛苦得，便宜多自吃亏来。"这时，导游会煞有介事地提醒游客："先仔细看一下这副楹联，要仔细哦！看看有没有错字！"

▲ 西递瑞玉庭

如果你看了半天还是一脸茫然，导游会像背书似的告诉你："这是一副错字联，上联的'快'字上少了一竖，'辛'字上多加一横。意为少一些快乐，多一份辛劳；下联的'多'字少了一点，'亏'（'虧'）字多添了一点，寓意'多一分辛苦，多一分收获，多吃一点小亏，可赚大便宜'，告诫后人做人要勤奋、要厚道。"

对于这些用心良苦的"错字"，游客们大多频频颔首，报以会心微笑，有游客甚至表示："错字联包含的深刻哲理让我感到了古人的智慧和文化的传递。"

应该说，"西递第一联"把徽商的经商之道和处世哲学阐释得淋漓尽致，当年的徽商正是以此为信条，诚信为本，与人为善，发扬"徽骆驼"精神，从而铸就了商界的辉煌。但认为此联是"错字联"，本人却实不敢苟同，因为这是副书写规范、法度森严的行书联，为正宗的二王（王羲之和王献之）一脉，根本就没有什么错字。

我们先看上联，导游认为"快"字少写了一竖，"辛"字多加了一横。所谓"快"字少了一竖，其实是行书的"笔断意连"，或称"意到笔不到"。我们看下页图中的行书"快"字，为了书写的便捷，"快"字右上的横折与下面的一横变成了相连的两横，在上横的末端和下横的起笔中间有个连笔动作，这个连笔既可以实连[①]，如赵孟頫的"快"字；也可以虚连[②]，如王献之和米芾的"快"字。楹联中的"快"字就是使用的虚连，可以明显地感到上横的末端有回锋提笔动作，如果加上一竖那就不是行书而变成楷书了。

▲ "西递第一联"

---

① 即通过游丝来联系。
② 即没有游丝但笔断意连。

王献之	王献之	米芾	赵孟頫

至于那个多一横的"辛"字，我们在前面《"天下第一错字"原是谬说》一文中，提到"辛"字的这种写法。其实在古代，不仅"辛"字常多写一横，与辛部相关的字如"辞"、"辟"、"辩"、"辜"等都可以加一横。

欧阳通　　赵孟頫　　邓文原　　赵之谦

我们再看下联，导游认为"多"字少了一点，"亏"（"虧"）字多了一点。所谓"多"字少了一点，则又是行书简省笔画的写法，为了行笔的连贯，行书常将"多"字的上点省略直接与下面的笔画相连。如果生硬地加上一点，则又变成楷书了。

王羲之　　米芾　　赵孟頫　　王铎

而所谓的"亏"（"虧"）字多了一点，我开始竟没搞明白。我想大概是指"虧"字的右半边"亏"吧，而楹联中却写成了"兮"。其实，这种右边为"兮"的写法为"虧"的异体字。《说文解字》讲得很清楚："虧，或从兮"，也就是说"虧"字右边可以写作"兮"，根本不是什么多了一点！

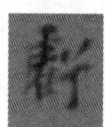   

欧阳询　　李世民　　赵孟頫　　沈粲

以上将"西递第一联"进行一番解构，证明它根本就不是什么错字联，的确有些让人沮丧！但文化就是文化，来不得半点虚假。其实，该联仅联语所包含的哲理就足以让人受益终生，何必用什么"错字"来胡乱演绎呢。去掉虚假与伪饰，回归本义和真我，瑞玉庭的楹联仍不失为"西递第一联"！

被误读的平遥古县衙

前面我们谈了有"错字联"之称的安徽"西递第一联",在同为世界文化遗产的山西平遥古城,也有一副著名的"错字联"。两联虽都偏处一隅,但传播甚广,影响很大,堪称南北二联。

平遥这副著名的"错字联",是在平遥古县衙二堂的门柱上,故称"二堂联"。

二堂是古代知县处理日常公务、审理民事案件的地方。明清时期,民、刑案件的审理是分开的,刑事案件在大堂审理,民事案件则在二堂进行。在二堂断案时,知县通常是给原、被告讲一些三纲五常之类的话,用这些封建伦理道德来教育他们,从而达到化解纠纷的目的。因民事案件的审理不需要大堂的森严气氛,故"二堂联"的联语主要是对官员提出告诫和要求:

与百姓有缘才来到此
期寸心无愧不负斯民

"二堂联"没有华丽的辞藻修饰,采用平民化的语言,言简意赅,明白晓畅,让平民百姓看得懂、知其意,同时也能站在当事人的立场考虑问题,较好地体现了中国古代提倡的"民本"思想理念。但有人认为,此联中还有更深刻的寓意,即暗藏在下联"期寸心无愧不负斯民"

▲平遥古县衙"二堂联"

的两个错别字中。每游到此,导游都会煞有介事地告诉游客:"仔细看,'愧'字头上撇点没有写出来,'民'字则多写了一个点。古人就是用这种巧妙的方式,提醒县太爷要对老百姓关心多一点,内心的愧疚就会少一点。"

应该说,此种说法寓意很好,但遗憾的是,这只是今人一厢情愿的过度解读,与古人没有任何干系。因为这两个所谓的"错字",在古代是再正常不过的规范书写,绝无任何特异之处。

我们首先看"愧"字。在古代碑帖中,"愧"字上多没有那一撇,加撇的比较罕见。事实上,不加撇的为正字,加撇的反而为俗字。下面是《书法字典》中收录的楷书"愧"字,我们看到,只有颜真卿用过加撇的"愧",属于特例。所以,"二堂联"中绝没有愧疚少一点的意思。

愧　愧　愧　愧　愧　愧　愧
石婉墓志　欧阳询　褚遂良　颜真卿　柳公权　柳公权　近卫家熙

我们再看"民"字。古人在书写中,经常会在"民"字上加一点,这种现象在隶、楷、行、草中都不乏其例。从下面的字例中我们可以看出,智永《真草千字文》中楷书和草书的"民"字,都加了点;而赵孟頫几乎所有的"民"字都加点,这已成了他的书写习惯。

（东汉）　　　　（东汉）　　　　（东汉）　　　　（隋）智永
《张迁碑》　　　《西狭颂》　　　《曹全碑》　　　《真草千字文》

（隋）智永　　　（元）赵孟頫　　（元）赵孟頫　　（元）赵孟頫
《真草千字文》　《行书二赞二诗卷》《玄妙观重修三门记》《仇锷墓志铭》

另外,这个多一点的"民"字,还出现在平遥县衙大堂的门楣上。

在平遥县衙大堂门楣之上,悬有一方"亲民堂"匾额(见下页图),其中的"民"字也加了一点。导游解释说,这是有意多写了这么"一点",是"亲民多一点"的意思。这是中国文字含蓄的表现,与流行歌曲中"每天爱你多一点"相仿。

玉宇澄清万里埃　错字平反篇

▲平遥县衙大堂"亲民堂"匾额

　　上述这种对于汉字的过度解读，用意虽好，但实际效果欠佳。很多游客看了平遥古县衙后都误以为，中国文字往往是通过有意写错字来表达更深一层的含义的，这"从一个侧面反映出中国人交流思想、表达感情的一个特点——含蓄"。

　　汉字有着悠久的历史，蕴含着丰富的文化内涵，是祖先智慧的结晶。但是，古人对汉字充满了敬畏之情，是绝不会随随便便写错字授人以柄的。为此，我们要潜心研究祖先留下的文字瑰宝，不要因自己的无知错解了古人。

错字的尖叫

宜昌要给大书法家米芾改"错字"?

在湖北宜昌的长江葛洲坝下游不远处,有一座地标性建筑——镇江阁。镇江阁有"天下第四楼"[①]之称,气势雄伟,威镇三江。该阁始建于康熙三十八年(1699年),后毁于战乱,1987年宜昌市政府重建镇江阁,并将葛洲坝治水史载入阁内。登阁凭栏远眺,大坝雄姿,扬子江涛,西陵山色,尽收眼底。

▲宜昌镇江阁

---

①中国四大名楼一般是指岳阳楼、滕王阁、黄鹤楼、鹳雀楼。

2006年经过修缮的镇江阁即将以新姿面世，一名细心的小学生发现，镇江阁匾额上的"镇"字中间少了一横（见下图），认为是个错字，于是便向记者反映，"希望有关部门及时纠正，以免影响宜昌旅游城市的形象"。2006年9月20日，宜昌当地媒体刊登文章《宜昌名楼镇江阁"镇"字少了一横》，引起了市民的广泛关注和热议。

▲"镇江阁"匾额

下面是消息的部分内容——

接到反映，记者赶到镇江阁实地查看，果然如其所言，镇字中间清清楚楚只有二横。

是不是因为书法艺术的原因写成这样呢？记者就此请教了著名书法家、三峡大学艺术学院院长周德聪，周德聪说："如果不是草书，中间的横清晰，肯定应该写成三横。"他认为，这的确是一个错字。

那么这个错字是否是因名人题字而造成的呢？记者采访了镇江阁

113

错字的尖叫

主管部门宜昌市城管局市政管理科科长刘涛，刘科长表示，镇江阁并非名人题字。据介绍，这三个字自上世纪八十年代重修镇江阁时便是如此写法，已存在二十多年了。今年维修时只是对原字进行了描新。对记者提供的情况，刘科长表示，将尽快核实并进行改正。

不过，宜昌最终还是没有更改这个"错字"，因为"镇江阁"上的"镇"字至今还是两横。但随即便有一则"趣谈"在坊间流传，称这"看似不可能出现的低级错误却有它内在的必然性，两横之'镇'冥冥之中暗合了葛洲坝、三峡大坝镇锁长江之事，真是名副其实，有其名必有其实也"。

我不禁为当地没有画蛇添足而庆幸，但又为"镇江阁"蒙受不白之冤而愤愤不平，感到如骨鲠在喉，必欲吐之而后快！

看了"镇江阁"三字，顿有一种如晤旧人之感。这并非什么当代名家所书，而是出自时隔近千年的一位古人——北宋大书法家米芾之手。那么，米芾又怎么可能为其身后几百年的一座楼阁题匾呢？显然是从米芾的法帖中集字而成。

"镇江阁"之"镇"字集自米芾的行书法帖《天马赋》（见下图"此马居其中以为镇"的"镇"字）。此帖为米芾早年之作，笔法峻洁紧敛，瘦劲有神，虽不及后来之纵逸飘洒和婉丽多姿，然亦矫健沉雄，自由伸缩，独具面貌。

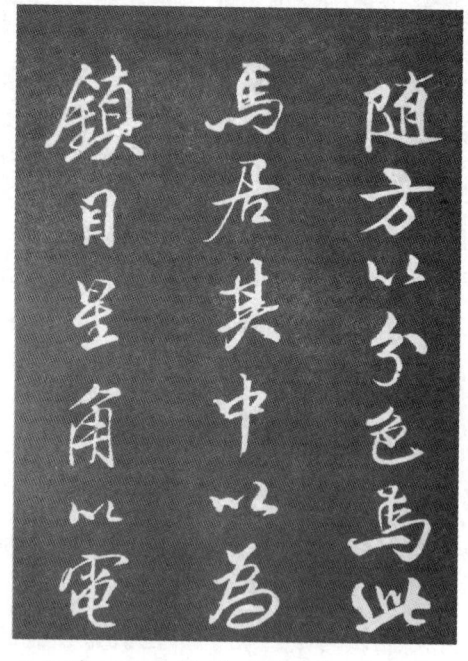

▲米芾行书法帖《天马赋》（局部）

我们再比对一下《天马赋》中的"镇"与"镇江阁"之"镇"字,两者如出一辙,毫无二致。

▲ "镇"(《天马赋》)

▲ "镇江阁"匾额

看来,已不是"镇江阁"有无错字,而是米芾有没有写错字的问题了。事实上,不仅米芾,连书圣王羲之也写过这种两横的"镇"字(见下图)。如果说米芾写错字,那也就意味着王羲之也写错字了。

▲ "镇"(《集王羲之圣教序》)

另外,"镇"字这种写法在全国景区中还有多处。如河北正定南城门上的"三关雄镇"石刻匾额,陕西宝鸡"益门雄镇"隘口的石额(见下页上图),以及台湾高雄"雄镇北门"炮台的门楣题字(见下页下图),其"镇"字都是两横。

▲ 河北正定"三关雄镇"门额

错字的尖叫

▲陕西宝鸡"益门雄镇"石额

▲台湾高雄"雄镇北门"炮台门额

如此多的两横"镇"字,告诉我们这不可能是古人写的错字①。我们知道,米芾写的是行书,不是楷书,在行书中可以简省笔画,故三横写成两横是完全允许的。这种情况在书法创作中非常普遍。记得我曾在超星学术视频上听过南京大学潘群教授的讲座,潘教授提到他的老师、我国著名历史学家黄云眉先生(1898—1977年)有一部自题签的《古今伪书考补证》(见下左图),其中的"補"字黄先生没有写成"衤"旁而写成了"礻"旁,后来该书在再版过程中遇到阻力,出版社认为是个错字坚持要改,潘教授也十分困惑不解,向学界咨询也没问出个所以然来。其实从书法角度理解就很简单了,这是行书简省笔画,根本不是什么错字。如明代唐伯虎《落花诗册》中的"補"字(见下右图)就是这么写的。

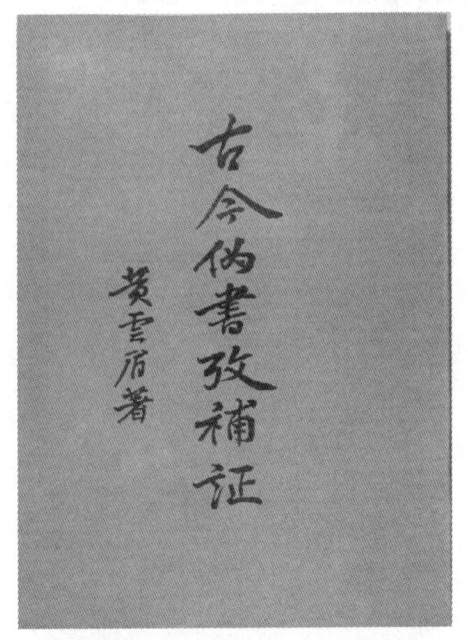

▲黄云眉《古今伪书考补证》　　▲"补"(唐伯虎)

知道了书法简省笔画的这个特点,我们也就豁然明白了由当代著名书法家赵朴初先生题写的"裕安大厦","裕"字为何少一点了②。裕安大厦位于上海黄浦江畔,是安徽在沪招商引资的窗口,长期以来,大家对赵朴老的这

---

①上述例证中的楷书"镇"字,也有可能是避明英宗朱祁镇的名讳,故出现缺笔。
②另外,启功先生题写的郑州"金裕华大酒店","裕"字也少写了一点。

个"错字"一直百思不得其解。最后只能猜测赵朴老是安徽人,对家乡很有感情,也了解家乡还有贫困地区、贫困人口,故题写"裕安大厦"时,感到家乡离富裕还差一点,少写一点,意在激励家乡人民正视现实,加倍努力补上这"一点"。我们看北宋天圣二年(1024年)的榜眼叶清臣所写的"裕"字(见下右图),就知道赵朴老这样写是有根据的。

▲赵朴初题写的"裕安大厦"牌匾　　▲"裕"(叶清臣)

错字解谜篇

乱花渐欲迷人眼

乱花渐欲迷人眼　错字解谜篇

趵突泉的500年难解之谜

"千佛山、大明湖和趵突泉，是济南的三大名胜。现在单讲趵突泉。"

借用老舍先生的散文《趵突泉》中的第一句话作开场白。其实，写这篇文章，我并没有老舍先生那样轻松，因为我遇到了一个拦路虎，这就是趵突泉石碑上的"突"字。

▲济南趵突泉

趵突泉位于济南市中心区，占地158亩，有"天下第一泉"的美誉，为古泺水的发源地。泉水从地下溶洞的三个裂隙中涌出，犹如三堆白雪一般迸发喷涌，让人叹赏不已。"趵突"即泉水从地下跳跃奔突之意。在泉池西南面的观澜亭侧，立有一块半浸水中的石碑，上镌有三个雄健厚重的大字："趵突泉"，上款题为："都察院右副都御史天水胡缵宗书"，下款为："嘉靖十有六年端日济南府知府咸宁司马奉立"（见下页图）。很多细心的游客会发现，"趵突泉"中的"突"字上缺了一点，写成了秃宝盖。

121

错字的尖叫

▲ "趵突泉"碑

胡缵宗题写"趵突泉"时,为何将这"突"字少写了一点,是出于书法的需要还是别有用意,早已不得而知,也无从考证了。这个"突"字上的一点,便成了人们不断猜测的谜,一直到今天也没人给以一个合理的解释。

有人猜测,胡缵宗之所以这样写是要表达趵突泉永远喷涌,没有尽头,故意把"突"字宝盖头上的点省略了,为的是不把泉水压住;有的说法则充满了神异色彩,说当年趵突泉的泉水喷涌得异常猛烈,几下子就把"突"字上的点给冲掉了,然后顺流漂到了大明湖,故而大明湖牌坊和石碑上的"明"字的"日"旁便多了一笔,成了"眀"字①;还有的则像是童话故事,说趵突泉是泉中之王,听说与此相隔3里之遥的大明湖景色更胜一筹,十分不服气,便派"突"字头上一点去打探,可这一点到了大明湖后,看到那里的湖光水色绝佳,竟然流连忘返,乐不思泉了,于是再也不愿回去,便留在了"眀"字里。另有一种说法则颇为恶俗,说趵突泉边有个青年经媒妁之言,与大明湖畔一位美女结为秦晋之好。结婚之前,他到女方家办事,发现传说中的大明湖美女其实很丑陋,于是十分恼怒,便把自己的眼睛抠出扔到了大明湖里。趵突泉的水神为了纪念他,便把"突"字上的点给去掉了。第一种解释试图从书写者本身

---

① 关于"眀"字,见《为"出现最多的错字"平反》一文。

去查找原因，思路虽对，但缺乏依据；后三种其实都是戏说编故事，试图将"趵突泉"之"突"与"大明湖"之"明"这两个所谓的"著名错字"一起给圆了（见下图）。

▲缺一点的"突"与多一横的"明"

但是有一点可以肯定，那就是趵突泉的"突"字，绝非什么笔误和错字。胡缵宗曾作有《咏趵突泉》一诗①，于此可见他对于趵突泉的情有独钟，显然题字时不可能信笔而为。其诗曰：

王屋流来山下泉，清波聊酌思泠然。
云含雪浪频翻地，河涌三星倒映天。
滚滚波涛生海底，芃芃蕊萼散城边。
秋光一片凌霄汉，最好乘槎泛斗前。

古人写字讲究无一字无来处，胡缵宗这样写必有所本。然而，本人查阅了许多古代碑帖，均无这种写法。只有一处，也还是在趵突泉公园。在公园南大门上悬有一方"趵突泉"金字大匾（见下页图），旁署"乾隆御笔"，但奇怪

---

①见《历乘》。《历乘》由有"三齐文献"之称的历城县人刘勅所编，此书成书于明崇祯六年，全套6册、18卷。编定体裁取法于《史记》。

的是乾隆的玉玺没有钤在上方，却像普通人一样盖在了左下。

▲"趵突泉"匾额

看来，上面这块"乾隆御笔"的匾额大可质疑。经查，匾额上的字是从趵突泉公园内的"双御碑"碑阴乾隆《再题趵突泉作》诗中，集字而成。不过，虽然乾隆写过这种不带点的"突"字，也是步胡缵宗的后尘，不足为凭。

另外，当代书法大家欧阳中石先生在其作品"泉城颂"中，也使用过这种不带点的"突"字，显然欧阳先生是认可这种写法的。

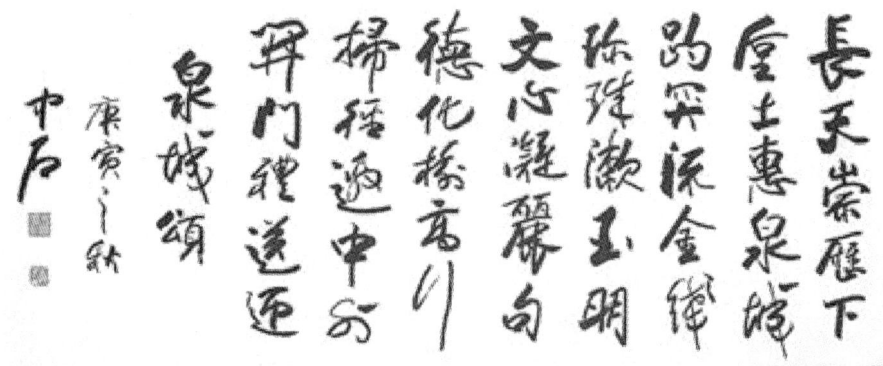

▲欧阳中石先生"泉城颂"书作

为了这个"突"字，本人几乎到了"上穷碧落下黄泉"的地步，可愣没见过在胡缵宗之前有过这种写法。同时，"突"字不是明朝的避讳字，也无需减笔。本人并不主张"名人笔下无错字"，可觉得"勋业著于当朝，文誉驰于海宇"的这位明代著名学者、诗人、书法家是不可能在这个简单汉字上出纰漏的，他之所以这样写，其中必有缘故。为此，我们有必要回过头来了解一下胡缵宗其人其书。

胡缵宗（1480—1560年），字孝思，号可泉，别号鸟鼠山人，明代秦州秦安县①人。明正德三年（1508年）进士，曾任翰林院检讨，后累迁至山东、河南巡抚、右副都御史，官阶正三品。"爱民礼士，著于一时，名与况钟②相颉颃。"著有《鸟鼠山人集》等著作多种，大部分收入《明史·艺文志》与清《四库全书》中。

再看胡缵宗的书法，胡缵宗的楷书以颜体为宗，宏大刚正，笔力沉雄，自然流畅，深得颜真卿书法雄强厚重、宽博茂密的艺术精髓。他尤擅擘窠大字，时人赞为"超颜三分"，可见其功力之深厚。

另外，需要引起特别注意的是，胡缵宗写字，常出奇笔，标新立异。如他为曲阜孔庙的第一座石牌坊题写的"金声玉振"，"玉"字的一点，没有写在正常位置上，而是上提点在了第二横上。

▼ 曲阜孔庙"金声玉振"坊

对此，人们百思不得其解，只得附会解释说，这是因为敲击玉磬时，敲在正中间的时候声音最动听，而这也正好切合了孔子的中庸之道思想，故此胡缵宗便将"玉"字的点落在中间。不过，我觉得还是从书法本身解释为好。"玉"字一点上移，可以使整个字的重心上提，从而形成一种耸拔之势，让人产生高

---

①今甘肃天水市秦安县。
②即昆剧《十五贯》中的"况青天"。

山仰止的感觉。同时这种写法确有所本，如在下面这几通汉碑中，"玉"字的点均上移至第二横上，显然胡缵宗是借鉴了隶书的写法。于此我们可以看出胡缵宗写字的特点，喜好打破字体界限，出人意表，不与人同。

▲（汉）《石门颂》　　▲（汉）《华山庙碑》　　▲（汉）《王舍人碑》

▲（汉）《白石神君碑》　　▲（汉）《曹全碑》

说了这么多，我们还是要回到正题：胡缵宗为何要写这个缺一点的"突"字？我们知道，在书法创作中，为了求得字体结构的平衡与美感，常会有依据成规增减笔画的情况。唐代欧阳询在其书法形体论著《三十六法》中即有"增减"一法："字有难结体者，或因笔画少而增添，……或因笔画多而减省，……但欲体势茂美，不论古字当如何书也。"古人的这种变通写法，不能说是错误，只是书法创作的需要。反观胡缵宗所题"趵突泉"三字，点比较多，上面的"趵"字有三个点，下面"泉"字的一撇也写成了撇点，而"突"字夹在中间，需要有所收敛，这或许是"突"字省略上面一点的重要原因。

但是，书法创作中的"增减笔"，自有其内在规律，有约定俗成的法度，不能随意增减笔画，同时须有所本。为此，我们还要从字源学上剖析一下这个"突"字。

"突"字收在《说文解字》的"穴部"中，《说文解字》的解释为："犬从穴中暂①出也。从犬在穴中。"

我们看下面"突"字的甲骨文、金文字形，从犬从穴的会意特点非常明显，"穴"的上面均出头。篆书将其整齐化，上端仍出头，隶变楷化后则加点。

甲骨文　　金文大篆　　小篆　　隶书　　楷书

---

①暂，猝然之意。

与"突"字一样,从"穴"之字在隶变楷化后一般上面都有点,但也有例外。如"深"字,在隶变过程中就省略了上面一点。

金文大篆　　　　小篆　　　　　隶书　　　　　　楷书

看来,"穴"上一点并非一成不变。即便是这个"突"字,在汉印古篆中也有不出头的特例(见下图),只不过其使用并不普遍而已。

▲ 汉印中的"突"字

古人有一种用楷、行、草等今文字书写古文字的现象,这在明清时期颇为盛行。如曲阜孔庙大成门内东侧,立有一通明万历二十八年(1600年)杨光训题写的"先师手植桧"碑。当地导游认为"植"字多写了一竖,暗示"先师所植之树",或指此桧是原树萌蘖旁生的新枝。

其实,"植"字这种写法,直接源于篆书。只是在隶变和楷化中将那一竖省略了而已。如今在繁体字库里仍能查找到这一写法。

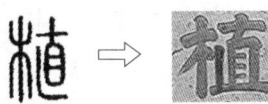

由此推断,胡缵宗所题不带点的"突"字很可能也是用今文字书写古文字。这是否解开了趵突泉500年的难解之谜呢?还是请读者诸君去判断吧。

▲ 曲阜孔庙"先师手植桧"碑

错字的尖叫

文章写到这里正欲打住,忽又在网上搜到了《"突"字为啥少了两个点[①]》一文,见于 2012 年 9 月 10 日的《齐鲁晚报》。看后心里颇不是滋味,感到这种文化上的误导还在一代代延续下去——

"咦,趵突泉中的'突'字咋少了两个点呢?"9 日上午,当 20 名老师和家属乘坐"齐鲁晚报"号画舫沿着护城河驶入趵突泉时,一个孩子看着岸边石碑上刻的字一脸疑惑地说。"老师们知道为什么趵突泉中的'突'字少了两个点吗?"听到孩子的疑问后,画舫上的讲解员问道。

对这个问题,老师们也大都不是很了解。就在此时,9 岁的王茂盛脱口而出:"这个字是不是写错了?"他的回答引来大家的一阵笑声。

"'突'字之所以少两个点,据说有两个方面的原因。"讲解员说,一种说法是,"突"字少写两个点,是为了表达一个美好的愿望,祝愿趵突泉水永远喷涌,没有尽头,所以故意如此。

"哦。"听到讲解员的解释,大家感到颇为惊讶。接着她又说道:另一种说法是,当年趵突泉水的喷涌势头非常旺盛,泉水将"突"字上的两个点冲刷掉了。"于是这两个点便顺着流水流入了大明湖。"

伴随着讲解员的讲解,画舫改变了航向,即将驶入大明湖。突然,一块刻着"大明湖"三个字的石碑出现在船左侧,映入大家的眼帘。"老师们看看,这三个字有什么特别之处吗?"

"'明'字写错了,是'日'字旁,不是'目'字旁。"另外一个小男孩喊道。讲解员笑着说,"日"字旁的确多了一横,变成了"目"。而多出来的一横正是来自"突"字上的两个点。

讲解员的回答让大家恍然大悟。"今天不仅游览了护城河的美景,还学到了之前不知道的知识,真是一举两得。"一名年轻老师表示。

[①] "突"字有一异体字,其"犬"中的一点可以省略,故有人误以为"趵突泉"中的"突"字少了两个点。

试解"碧山吟社"之谜

诗社是诗人定期聚会作诗吟咏而结成的社团组织。《红楼梦》中,大观园众儿女于秋爽斋结成海棠诗社,"宴集诗人于风庭月榭;醉飞吟盏于帘杏溪桃",可谓风雅之至。在江苏无锡惠山天下第二泉的南侧,也有一处著名的古代诗社遗址,这就是碧山吟社。

▲重建的无锡碧山吟社

碧山吟社始建于明成化十八年(1482年),由北宋词人秦观的后人秦旭所创。秦旭崇古尚贤,晚年于无锡惠山之麓、黄公涧上,结庐建亭,名曰碧山吟社,并与无锡十位年高德劭的老人在此结社吟咏。在"明四家"之一沈周所绘的《碧山吟社图》[①](见下页图)中,我们可以领略当时吟社的雅集之盛:在茂林修竹的掩映下,文人雅士们或悠游山林,或吟诗作画,或携琴清谈,或坐听流泉,一派洒然天放的纵逸情怀。

---

①该画现藏于北京故宫博物院。

▲ 沈周《碧山吟社图》局部

十老殁后,秦旭曾孙秦瀚又于嘉靖三十三年（1554年）重修碧山吟社,再续吟社余韵,并请"吴门四家"中的文徵明为之题匾,悬于吟社门楣。此后,碧山吟社又几经兴废,终于在清乾隆以后的二百余年间归于沉寂,风雅寝衰。辛亥革命后,人们才找到了吟社的匾额,并于20世纪50年代以来逐步恢复重建了碧山吟社。现在,由无锡市离退休老人为主的诗词爱好者又重组了碧山吟社,但吟社留下的诸多未解之谜仍让人们困惑不已。

▲ 2012年12月28日无锡《江南晚报》"我俚无锡"版

鉴于此,2012年12月28日,无锡《江南晚报》刊登文章:《十老吟诗成佳话,文徵明留墨宝　石刻追忆500年前碧山吟社》。

在文章第二个小标题中,作者提出了"碧山吟社"的一个谜:"文徵明为何写'别'字?"文章写道——

　　文人雅士对吟社感情深厚,如今走进这方院落,首先落入眼帘的是刻有"碧山吟社"四个金色大字的砖雕,粗看并无出奇之处,但仔细斟酌,却发现里面竟有两个字书法甚是特别,甚至怀疑其中存在错别字。据锡惠园林文物名胜区管理处规划发展科科长金石声介绍,这四个字为文徵明(1470-1559年,曾任翰林院待诏,明代著名书画家)手笔,是隶书写法。其中的"吟"字,右半边的"今"是反过来写的,"社"字则多了一点。"古人的书法讲究一个'趣'字,文徵明为何这样写我们不得而知,但其中肯定包含了他的寓意。"

▲ "碧山吟社"门额

文中所称"碧山吟社"为隶书没错,但是认为"吟"、"社"两字为错别字,文徵明这样书写大有深意,却是错解了古人。

我们首先看"吟"字,其右半边的"今"为何反书呢?其实这是沿用小篆的写法。

（东汉）　　　　（清）　　　　（清）
《说文解字》　　孙星衍　　　　莫友芝

在甲骨文中,"今"字的"人"下为两横,到金文时下横的起笔处开始出现一斜竖,这就是隶书"今"之所以反书的由来。

（商甲骨文）　　（西周金文）　　（北周隶书）
《甲骨文编》　　《大盂鼎》　　　《华山神庙碑》

如齐白石先生所绘的《借山吟馆图》及其落款"借山吟馆主者","吟"字不管篆书还是行书,均为反书。

▲ 齐白石的《借山吟馆图》

至于"社"字为何多了一点,其实这只是书法创作的一种需要,主要起到驻笔回锋的作用,并无任何深意。在古代碑帖中不乏其例,广泛出现在隶、楷、行诸体中。

因此可以肯定地说,文徵明题写的"碧山吟社"既无错别字,也没有其他寓意。

解决了"碧山吟社"的文字之谜,忽又发现2011年6月3日的《无锡新周刊》还刊登过一篇《碧山吟社未解之谜》的文章。

文章称:"秦旭创办之初,为何把诗社取名为'碧山吟社',典出何故?无论是在秦氏的族谱,还是在诸多的'碧山吟社记'、《无锡县志》等史料中均无记载。这也成了我们关注'碧山吟社'碰到的第一个未解之谜。"

在此,本人不揣浅陋,试解此谜。关于"碧山"二字出于何典,本人认为与诗仙李白有关。

翻开《全唐诗》，我们不难发现，"碧山"一词，李白的使用频率极高。但其每首诗中的"碧山"，所指却各有不同。如：

"荒城虚照碧山月，古木尽入苍梧云。"——《梁园吟》。这里的"碧山"指的是湖南苍梧山，亦即九嶷山。

"君寻腾空子，应到碧山家。"——《送内寻庐山女道士李腾空》。这里的"碧山"指的是江西庐山。

"不觉碧山暮，秋云暗几重。"——《听蜀僧浚弹琴》。这里的"碧山"指的是四川峨眉山。

"暮从碧山下，山月随人归。"——《下终南山过斛斯山人宿置酒》。这里的"碧山"指的是陕西终南山。

"千岩烽火连沧海，两岸旌旗绕碧山。"——《永王东巡歌》。这里的"碧山"指的是江苏北固山。

另外，李白还在公元754年来到黄山，在其两首诗中也提到"碧山"："问余何意栖碧山，笑而不答心自闲。"（《山中问答》）"我愿得此鸟，玩之坐碧山。"（《赠黄山胡公求白鹇》）

上述李白诸诗中的"碧山"虽各有所指，但其"碧山"均为青碧秀美、清纯净洁之名山胜地，它们激发了诗仙的瑰丽诗思，成为其创作的不尽源泉。另外，北宋诗人李觏的《乡思》诗中还有"已恨碧山相阻隔，碧山还被暮云遮"，诗中的两处"碧山"泛指青山。但比较李白的"碧山"诗，李觏无论在数量上还是诗境上都要逊色不少。因此，"碧山吟社"典出李白诗歌当无疑义。那么，古代文献中为何没留下点滴记载呢？常识问题，不言自明，何需赘述。

最后，"碧山吟社"中的"碧山"又指的是哪座山呢？远在天边，近在眼前——无锡惠山！

再探颐和园"复殿留景"背后秘密

在北京颐和园的昆明湖畔,有一座清代皇帝的书堂——玉澜堂。光绪年间,玉澜堂成了光绪皇帝的寝宫,1898年戊戌变法失败后,慈禧太后曾把光绪帝幽禁在这里。每年的4月初到10月份,慈禧太后都要在颐和园住上七个月,而这七个月中光绪帝也必须随同前来,住在玉澜堂里。为了防止光绪帝与外界接触,慈禧就命人在玉澜堂的前后左右修砌了多道砖墙,门口还有太监站岗,将玉澜堂全面封闭起来,清雅宜人的书堂从此变成一代帝王凄苦寂寥的牢笼。至今人们来到玉澜堂,似乎仍能感到一股阴森森的气息弥漫其中。

▲颐和园玉澜堂

在玉澜堂明间正中的宝座上方悬有一块"复殿留景"匾额，上方钤有三方印玺，中为"慈禧皇太后御笔之宝"，两边分别为"数点梅花天地心"、"和平仁厚与天地同意"两方慈禧最喜欢的印玺。

▲玉澜堂"复殿留景"匾额

然而，令人不解的是，"复殿留景"的"景"字却上为"口"下为"日"，似乎是写颠倒了。联系清末的这次宫廷政变，人们似乎觉得其中大有玄机。

2011年6月21日，《北京晚报》刊登了段文辉的文章《北京颐和园复殿留"景"背后的秘密》。文章认为"复殿留景"的"景"字是一个错别字，并举出了关于这个错字的很多种猜测和解释："有人说是慈禧一时疏忽造成的笔误；有人说是为了使整个字体显得稳重而有意为之；还有一种解释更有戏剧性，据说慈禧是个权力欲望极强的女人，到了晚年更是对光绪皇帝亲政耿耿于怀，为了能够时刻监督和警示光绪，特意写了这幅字挂在玉澜堂，意思是你不过是个傀儡，你这个皇帝是永无出头之日的。"

然而，文章最终也没能说出个所以然来，最后只得推测悬想道："虽然刚刚过去一百多年，但是究竟是什么原因让慈禧写了这个错字已无可考了。但是可以想象，当年光绪皇帝在玉澜堂，无论是召见康有为，密会袁世凯，还是到后来被幽禁，一抬头就看到这四个字的心情一定是非常复杂的，也许只有老佛爷才知道这个'景'字背后的真实秘密。"

不过我想，假使你当面问起慈禧老佛爷，相信她也无法告诉你这个"景"字背后有什么秘密的。因为"复殿留景"四字，既没有什么大有深意的错字，也并非慈禧太后亲笔所题。

查阅古代权威碑帖，就会发现"景"字有四种写法：既可以上"日"下"口"，也可以上"口"下"日"，同时还可以上下都为"日"，上下都为"口"。

（宋）米芾　　　　（宋）张即之　　　（唐）钟绍京　　　（元）鲜于枢
《秋暑憩多景楼帖》　《书杜诗卷》　　　《灵飞经》　　　　《麻徵君透光古镜歌》

（唐）欧阳询　　　（元）赵孟頫　　　（唐）颜真卿　　　（唐）史惟则
《九成宫醴泉铭》　《杭州福神观记》　　《多宝塔碑》　　　《管元惠碑》

在唐代颜元孙的《干禄字书》中，只收录了"景、景"两种写法，注明"上通下正"，即"景"为正字，"景"为通字。而另外两种写法应为"景"的俗字，并不是错字。

"复殿留景"典出《乐府诗集》中的郊庙歌辞《宋明堂歌·歌太祖文皇帝》："复殿留景，重檐结风。"作者为南朝刘宋时期的谢庄（421—466年），为其随侍应诏的作品。从上下文我们可以知道，"复殿留景"描写的是刘宋明堂①恢弘壮丽的景象，其"景"字通"影"，意思是在太阳的照耀下，重重叠叠的宫殿留下了光影。可在颐和园导游词中，却将"景"字解说为天上的景星，认为借指有道明君，将"复殿留景"理解为"在深宫里住着有道圣明的君主"。看来，正因为对词义理解有误，才附会出了慈禧借题字隐射光绪皇帝的荒诞说法。

关于"景"字，《说文解字》释为："景，日光也，从日，京声。"清段玉裁在《说文解字注》中进一步解释道："光所在处物皆有阴，光如镜故谓之景……后人名阳曰光，名光中之阴曰影，别制一字，异义异音……"故知"景"字本义为"日光"，只是由于"光所在处物皆有阴"，所以才派生出"阴影"之义，与君主当无关涉。其实，"复殿留景"匾额与玉澜堂西暖阁上的"风篁成韵"②匾额一样，都是宫中景物描写，别无深意。还有人将"风篁成韵"谐

---

①明堂为古代帝王宣明政教、举行大典的地方。
②出自谢庄的《月赋》："若乃凉夜自凄，风篁成韵。"

音为"凤凰成孕",意为让皇上多子多孙,同样是胡猜乱解。

从书法上看,"复殿留景"四字写得沉实端方,却又笔势飞动,筋骨内藏,丝毫不带有馆阁体的秾丽拘束之气,但绝非慈禧太后的手笔。如今坊间流传着慈禧太后书画绝佳的说法。慈禧除善弄权术外,颇爱附庸风雅,常以钤有"慈禧皇太后御笔之宝"的书画赏赐群臣,以示恩宠。实际上慈禧并无艺术才华,其书画多由他人代笔,再钤上慈禧的专用印章便成了慈禧本人的作品,故其作品千姿百态,风格多不能统一。其代笔者有清末女书画家缪嘉蕙(1841—1918年)和阮玉芬(生卒年不详)等人,二人均供奉于紫禁城的福昌殿。所以,严格地说,将慈禧的书画称为慈禧款的书画应更准确一些。

那么,慈禧的书法水平究竟怎样呢?北京故宫博物院现藏有一件慈禧用朱砂抄写的《般若波罗蜜多心经》(见下图),落款为光绪三十年(1904年),于此可见慈禧书法的真实面目。因抄写佛经须本人亲为才见诚意,方能有功德得福报,故慈禧应该不会让人代笔。观此经文,笔力孱弱稚嫩,结字松散呆滞,毫无生气,尚属初学水平,与"复殿留景"四字相去不可以道里计,实有天渊之别。抄写此经时慈禧已年届古稀,距她去世仅有4年,可知慈禧终其一生于书法尚未入门。

▲慈禧朱笔抄写的《般若波罗蜜多心经》

神秘大佛的神秘文字

二十世纪八十年代,曾有一部动作片轰动一时,它就是以四川乐山大佛作为背景和主线的电影《神秘的大佛》。这部新中国成立以来拍摄的第一部动作片几乎一夜之间使乐山大佛笼上了一层神秘的面纱。

在乐山大佛旁有座千年古刹凌云寺,凌云寺在凌云山上,九峰环抱,寺宇辉煌,因与大佛相邻,故又名为大佛寺。影片《神秘的大佛》中,华侨司徒骏就是应海能法师之约来到凌云寺的。

与绝大多数寺庙一样,凌云寺也由天王殿、大雄宝殿和藏经楼组成。天王殿内正中供奉着弥勒坐像,门楣上悬有"凌云寺"三个大字匾额。有的游客眼尖,发现"凌"字是三点水。

▲凌云寺天王殿"凌云寺"匾额

对此,导游如是解释道:"'凌'字的两点水多了一点,变成了三点水,这其中是有讲究的,多一点表示灵气多一点,而且乐山大佛地处岷江、青衣江、大渡河三江汇流处,所以便有了这个错别字'凌'!"

此说大谬不然。其实在古代,"淩"、"凌"二字都有,这其中,"凌"为俗体,而"淩"为正体,简化字则将二者同音合并为"凌"。在过去,"淩"除了表示水名、地名和姓氏外,一般都可以通作"凌"。如杜甫的"会当淩绝顶,一览众山小",也可以写作"凌绝顶"。其实,就在进入凌云寺山门不远处,在成片的摩崖石刻中,您还可以看到现在习见的一种写法:"凌云寺"。

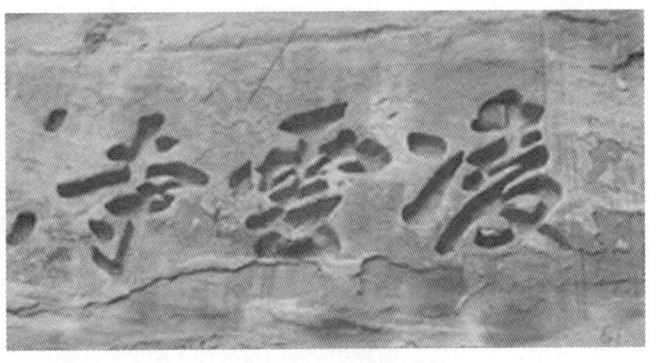

▲ "淩云寺"摩崖刻石

穿过天王殿,便是著名的明代建筑大雄宝殿。在鼎盛香火的缭绕中,悬挂于大雄宝殿门楣上的"大雄宝殿"匾额显得分外神秘而庄严,其中"雄"字的写法甚为独特,与我们现行汉字书写不同的是,"雄"字左边的"厷"写成了"右",这让很多游客困惑不解。

▲ 凌云寺大雄宝殿

对于这个"雄"字,导游马上进行"解疑释惑":"这是故意这么写错的,'雄'字由'右'、'佳'组成,笔画正好为十三,而十三在佛教中被认为是个吉祥数字。佛教传入中国后分成十三宗,塔也是十三层,代表功德圆满。另外,

错字的尖叫

这个'大雄宝殿'四字又可以念作'宝右大佳殿',保佑大家大富大贵!要进佛堂便要从'宝右'(保佑)二字下进入。"

▲ 凌云寺"大雄宝殿"匾额

凌云寺"大雄宝殿"匾额果如导游所言暗藏什么玄机吗?还是让我们从文字学的角度进行一番"祛魅"吧。

"雄"字收在《说文解字》的"隹部"中,许慎的解释为:"鸟父也。从隹(zhuī)厷(gōng)声。""鸟父"意为公鸟。按《辞海》的解释,"厷"在字形上是"公"的变形,字音承自"公",字义亦同"公"。

在古时候,尾巴长的鸟写作"鸟(鳥)",尾巴短的鸟写作"隹"。所以,"隹"为短尾鸟的象形,并不是"佳",两者在字形、含义上完全不同。下图为"鸟"与"隹"的字形比较。

▲ "鸟"与"隹"的字形比较

了解了"雄"的造字含义。那么,凌云寺"大雄宝殿"匾额中的"雄"字,其中的"厷"为何写成了"右"呢?

查阅唐代颜元孙的《干禄字书》,这种写法为"雄"的俗体字,在古代碑帖中也时有出现,并不稀奇。

140

乱花渐欲迷人眼　错字解谜篇

（西汉）
《马王堆帛书》

（东汉）
《校官碑》

（东汉）
《樊敏碑》

（东汉）
《曹全碑》

（北魏）
《李璧碑》

（清）
张裕钊

"雄"字这种俗体写法其来有自，从下面"雄"字的诸种古篆文中我们可以清晰地看出其发展脉络。

其实，凌云寺"大雄宝殿"的"雄"字并非孤例。在同有大佛寺之称的天津蓟县独乐寺，其大雄宝殿匾额上的"雄"字使用的就是这种俗体写法（见下图）。

记得电影《神秘的大佛》里有句经典台词："双眼可挖，佛财难得"。不过大家还是要保护好自己的眼睛，最好炼就一双"火眼金睛"，如果偏听偏信导游之言，那就如同视而不见一样。

▲蓟县独乐寺"大雄宝殿"匾额

141

聚讼纷纭的比干墓碑

　　2006年10月，因一个偶然的机缘，我去了一趟河南新乡。听说新乡东北的卫辉市有一座比干庙，小时候就知道比干因直谏被商纣王刳心残害，被誉为"亘古第一忠臣"，于是我便向友人提出前去踏访凭吊。

　　比干墓为中国第一座有记载的坟丘式墓葬，有"天下第一墓"之称。1996年公布为国家级重点文物保护单位，现已形成集墓葬、庙宇、珍贵历史文物为一体的旅游风景区。我们来到了比干墓前，只见前方的碑亭里立着一块斑驳陆离的墓碑，上面四字虽残缺不全，却裁构整饬，气势端凝，古意斑斓。

　　导游告诉我，碑上是孔子用剑刻下的"殷比干莫"四个字。为什么不是"墓"字呢？导游说，比干惨死为国，感天动地，他虽死犹生，故头枕天，脚踏地。

▼比干墓碑

孔子认为比干乃取大地之土而葬，故而"墓"字下面的"土"特意没写，后人都认为孔子并非写错字。后来，一位自认为很有才华的秀才看到了，说孔子这个大教育家怎么能写错字呢，于是便自作聪明地把"土"添加在"莫"字下。可等他写完后，晴空里突然电闪雷鸣，老天爷震怒了，只听一声霹雳，一团火球直奔石碑而去，咔嚓一声响，将石碑齐齐切下了一角，正好切下了秀才刚刚添上的那个"土"。自此以后，便无人再敢画蛇添足了。

传说虽属无稽之谈，但石碑上的一角的确不在了，致"莫"字下部已经残损。

此碑倘是孔圣亲笔所题，当有两千五百年的历史了。但问题是墓碑上的字体却为汉隶，按时间推算，孔子所处的春秋时代流行字体应为籀文①，亦即大篆，孔子怎么可能写起了汉代隶书？更何况春秋时期的青铜剑又如何刻得动坚硬的石碑？虽说孔子善书，他本人确也到过卫国②，但他老人家一贯主张"阙疑"的治学方法，即在治学实践中坚持"无征不信"的原则，反对臆辞妄说，决不轻下断语。所以，"殷比干莫"四字传为孔子的剑刻书有疑，历史上也一直是聚讼纷纭。从清初叶奕苞的《金石录补》和刘青藜的《金石续录》，到清中期钱大昕的《潜研堂金石文跋尾》，都认为宣尼题碑为后人附会。后来，乾隆皇帝到此驾临游幸，力压众议，大笔一挥，当场题下了"宣圣真笔"四字，昭告世人：我乾隆皇帝可以作证，这就

▲"殷比干莫"（上为乾隆所题的"宣圣真笔"）

①籀文为西周宣王时的史臣太史籀所作文字。起于西周晚期，春秋战国时期通行于秦国。
②卫国的地域大致在黄河北岸、太行山脉东麓的今河南省鹤壁南、新乡北附近(今卫辉市附近)。

是孔子的真迹！如今，乾隆的定谳之论就刻在比干墓碑的上方，让心存疑虑者打消念头。

虽则如此，1867年清末著名学者、书法金石学家杨守敬在其《评碑记》中，明确声明不收录传为孔子篆书的《比干墓题字》和《延陵季子墓碑》，因为这触犯了他写作《评碑记》"三不录"原则中的第一条，即"对于未敢信以为真者"不录。

现在，就让我们暂时逃离那无休止的、缠夹不清的学术纷争，将"殷比干莫"的作者和年代这个话题置之不论，姑且就算它是孔子的真迹吧。因为我们要集中思路谈谈那个"莫"字。

关于"殷比干墓"为何写作"殷比干莫"，目前见诸报端的文章几乎无一例外地解释为"古时莫、墓通用"①。为了更好地解答这一问题，我们首先了解一下"莫"字的本义和引申义。

《说文解字》对"莫"字的解释为："䒾，日且冥也。从日在䒾（mǎng）中。"清段玉裁在《说文解字注》中称："引伸之义为有无之无。"因"莫"假借为表否定的无定代词和表禁止的副词，古人只好在"莫"下加"日"，即成"暮"。故"莫"古通"暮"。在《诗经·齐风·东方未明》中就有这样的诗句："不夙则莫。"其意为不是太早就是太晚。

除了"莫"可通作"暮"外，"莫"还有多种通假用法。查阅《汉语大字典》，"莫"还可通作"幕"、"谟"、"膜"、"寞"等多种，可就是没有通作"墓"的用法。目前唯一能见到的关于"莫"通作"墓"的说法，就是源于对"殷比干莫"的解释。但是"殷比干莫"的"莫"通作"墓"的根据何在？却没人拿得出来。不知这是不是出于为尊者讳的考虑而编出的自圆其说的解释。

按照"孤证不立"的考据学原则，即只有一个例子的情况下不能判定某件事情成立。因文献不足，故而"莫"通作"墓"的说法不能成立。

下面是《六书通》中收录的古籀文字，可知在孔子所处的春秋时代，"墓"字已普遍使用，下面都有一个"土"。

---

① 见《人民日报》（海外版）2004年5月18日《三大悬疑"孔子真迹"》一文。

为了更好地说明问题，我们以同样传为孔子手泽的《延陵季子墓碑》作为旁证。

《延陵季子墓碑》现存于江苏省丹阳市延陵镇。此碑始刻于何时无考，现碑为明正德六年（1511年）六月重摹上石。季子名札，是春秋时吴王寿梦的第四子，因封于延陵，故称延陵季子，死后立庙奉祀。碑上有"呜呼有吴延陵君子之墓"十字，故世称"十字碑"。我们看到，碑上用的就是带"土"的"墓"字。如果此碑断为孔子所题的话，那么，为何比干墓上却偏偏写作"莫"字呢？

因此，倘若比干墓上果真是"殷比干莫"，就是个错字，那个秀才所言不虚。我想，以孔子治学之严谨，断不屑为此等"莫"以大地为底为"墓"的文字游戏。否则，除非还是个"墓"字。可惜，该字已经残损，我们只能根据那仅存的一角推测悬想了。

当然，本人也不建议再在"莫"字下面添"土"，否则又要遭雷击了。总之，笼罩着比干墓这四个字的千古疑团可能一直会让后人困惑探究下去。引人入胜的历史长河中涌动着许多有趣谜团的浪花，古往今来，人们总在期待文献和考古的新发现，也正是在这种盼望和期待中，推动了历史文化研究的不断探索和发展。

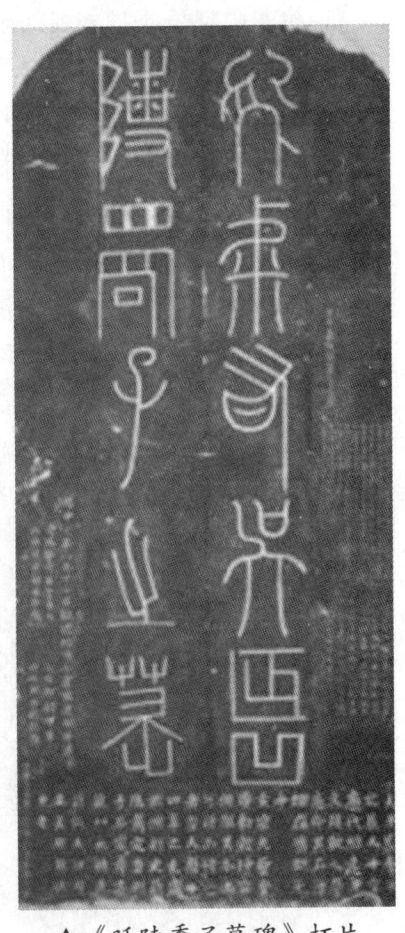

▲《延陵季子墓碑》拓片

"徐园"中藏有一只虎？

扬州瘦西湖是我国著名的湖上园林，清人沈复在《浮生六记》中有这样的赞语："其妙处在十余家之园亭合而为一，联络至山，气势俱贯。"沿着600米长的春柳长堤逶迤而行，尽头便是徐园。

徐园为大军阀徐宝山的私家园林，构筑于清代桃花坞旧址。徐宝山（1866—1913年）早年为拥有数万党徒的大盐枭，人送诨名"徐老虎"。辛亥革命时加入革命党，曾率军光复扬州、泰州等地，官至扬州军政分府都督，被孙中山任命为北伐第二军军长。后叛变拥袁。1913年5月23日，革命党人陈其美派人以送古瓷瓶为诱饵，将其炸死。

徐园之门，形如满月，门前一对石狮，直对长堤。门额上镌有"徐园"二大字，字径逾尺，笔力遒劲，诚为神品妙构。

▲瘦西湖徐园园门

有趣的是,"徐园"二字并非同一字体,"徐"字为行书,工稳而苍劲;"园"字为草书,虬曲而飞动,但两字左右逢源,过渡自然,相得益彰。只是旁边落款有如天书符箓,不知是何人手笔?

▲ "徐园"门额

导游介绍说,"徐园"二字是清末民初的扬州书法家、人称疯先生(风先生)的吉亮工所书。说起风先生为徐园题字,还有一段蛮有趣儿的故事呢。

据说徐宝山虽为大军阀,却非常喜欢吉亮工的字,于是在建这个园子时,就想请风先生题写园名。但风先生总以各种理由加以推脱。徐宝山知道风先生嗜酒,便心生一计请其到园子里喝酒。当风先生喝得迷迷糊糊的时候,徐宝山便提出为其写副对联:"清风徐来,春色满园",其中暗含了"徐"、"园"二字。风先生因为醉酒,提笔就写。刚写完上联"清风徐来"四字行书,忽然一阵凉风吹过,酒醒了大半,他发现自己上了人家的套,于是眉头一皱计上心来,将后四字"春色满园"改写成草书,想让徐宝山的计划落空。但徐宝山还是摘取其中两字用作园名。

但后来有人告诉徐宝山,这"徐园"二字有问题:"徐"字中间一竖出头,是个错字;"园"字中间是个"虎"字,这不是说你徐老虎是笼中之虎吗?于是便向风先生兴师问罪。风先生也能自圆其说,称徐字出头,说明你不是人下之人,总有出头之日;至于圈中之虎,是说你在当地是一只猛虎,说明你势力大啊。徐宝山听后点头称是,一场风波总算过去了,这园上的二字也就一直沿用至今。

导游的说法虽然生动精彩,但明显有编造之嫌。因为"徐"字出头本不是错字,"园"字中间也并非是个"虎"字。同时,两字揖让回顾,法度井然,也不像拼凑而成。

关于"徐"字中间的一竖出头,我们只消看看《书法字典》中所收录的行书"徐"字,便有了答案。

从字典中的例字可以看出，在古代，人们习惯于写这种出头"徐"。不仅行书如此，楷书也一样。如下面欧阳询、颜真卿的楷书：

▲（唐）欧阳询《九成宫醴泉铭》

▲（唐）颜真卿《多宝塔碑》

再看那个"园"（"園"）字，中间根本不是个"虎"字。吉亮工草书"園"字的写法直接取法于唐僧怀素（见右下图），笔画线条完全一致，只不过怀素分两笔，而吉亮工仅用了一笔写就，足见他的非凡之处。

▲吉亮工

▲怀素

之所以误认为"園"字中间是个"虎"，我想很可能与徐宝山的绰号为"徐老虎"有关，有人甚至据此认为是吉亮工咒死了徐宝山，其实只要有一点书法常识的人都不难辨其为伪。下面是《书法字典》中收录的草书"虎"字的各种写法，看看它们之间哪有一点相似之处。

了解了"徐园"二字的究竟，我们还很有必要认识一下这位诗酒风流的风先生——吉亮工。

吉亮工(1857—1916年),字柱岑,一字住岑,别署莽先生。光绪十七年(1891年)举人。但他并未谋求仕途之路,不随俗流,清高孤傲,特立独行,言谈举止异于常人,故世人以"疯子"视之。遂自号"风先生",款署:风风风,并自撰《风先生传》云:"先生姓风氏,名风,字风风……然喜风,遇风辄狂笑,笑不止,即大哭。人见其哭笑无由也,怪之,以为有癫病。先生亦不辩也。"文后自赞曰:"人风我,我风人,不知我之为风与人之为风欤?须各有其真。"看来风先生当属能为青白眼的阮籍、以铁钉击入耳窍的徐渭等一类的狂狷之士。

风先生好酒,他有一副感怀自题联为:"座旁设酒随时饮,床上堆书信手拈。"可见其诗酒风流、豪饮爱书的禀赋。军阀徐宝山向其乞字,孰料他竟然写道:"从来名士惟耽酒,自古英雄不读书",以自己的孤傲清高反衬一介武夫徐宝山的好勇不识字。据《民国江都县新志》记载:"当光绪年间,扬州称狂士者三人:吉柱岑、陈孝起霞章,其一则吴恩棠。"风先生可算是最狂的一位。

有幸的是,吉亮工留有一张非常珍贵的全身照(见右图),使我们得瞻其风采。但见风先生悠然兀立于盛开的菊花丛中,神采飘逸,眼空无物,若有所思。观其脑后无辫,当摄于民国初年,想距其辞世不远矣。

吉亮工的书法法乳二王,后浸淫六朝,豪气纵横,大气磅礴,功力非凡,几与安吴包世臣相伯仲。中年后稍变其体,趋狂放,多为狂草,笔势飞舞,以气胜,有"龙草凤篆"之称。

下页左图为吉亮工的草书七言联:"牵牛试顾溪头月,立马遥呼水面船"。风先生挥毫爱狂风,两联势如蛟龙起舞,穿插避就,重心左摇右摆,表达了他激荡的情感运动。令人称绝的是,风先生最后巧妙地将款字嵌于空白处,调节了正文单字的重心,使得行气上下贯通起来。

▲吉亮工资料照片

吉亮工的画是典型的文人画,承袭"扬州八怪"遗风,不拘成法,随意所之。不管是长松、怪树、走兽、飞禽以及佛像,画中皆显露他本人的思想感情和狂放不羁的个性。其画风取放舍敛、取奇舍正、取拙舍巧、取苍舍妍;画意贵与神合,迹与手化。画树木,常指天揭地;画禽兽,必愤世嫉俗。从下面这幅墨笔《孔雀图》(见下中图)中,我们可领略其精神。

《孔雀图》款署"莽书生",画中一只身材修长、雍容高贵的孔雀正安然闲步,回眸自赏。孔雀长长的尾翎,施以淡墨相皴,使之飘逸灵动。孔雀的翎眼用浓墨勾勒,兼工带写,使翎羽闪现出金属般的质感。我们再与八大山人的《孔雀竹石图》(见下右图)比较一下,八大山人借孔雀讥刺变节者,故其所画的孔雀丑陋圆滑,充满了漫画感;而凤先生笔下的孔雀彰显的是美丽典雅与雍容华贵,这或许是他本人的自况吧。

▲吉亮工草书七言联

▲吉亮工《孔雀图》

▲八大山人《孔雀竹石图》

绍兴沈园"井"中探秘

浙江绍兴的沈园是江南著名的私家园林，它因800多年前南宋著名爱国诗人陆游和唐琬的凄婉爱情故事而闻名，一阙催人泪下的《钗头凤》倾倒了古往今来多少才子佳人、墨客骚人。沈园位于绍兴古城内的洋河弄，如今已淹没在一群旧宅的包围中，在湿漉漉的江南烟雨里，显得分外清幽和静谧。

漫步在沈园的亭台楼阁、假山绿茵中，仿佛仍能听到诗人的脚步声，窥见陆游和唐琬邂逅沈园的伤心欲绝的场景。

在沈园里，有一口宋代遗留下来的古井，上覆一素朴的小亭，名曰"宋井亭"。因古井状似人眼，所以又称"双眼井"。

▲沈园宋井亭

宋井亭上，悬有一方同样素朴的木匾，白底绿字，上书"宋井亭"三个篆字，为当代著名书画家、天津大学教授王学仲先生1986年题写。令人奇怪的是，"井"字中间却有一个非常含蓄的小横（见下页图），这让很多游客大惑不解。且听导游分解——

▲ "宋井亭"匾额

"这块匾额中的'井'字中间为何多出一横呢？请跟我走进来，大家就可以迎刃而解了。大家可以看到，这口井的形状看上去好像人的眼睛，所以又称为'双眼井'，从而有这样一种说法，一个眼睛代表陆母，另一个眼睛就代表唐琬，当中一横就代表陆游的母亲将他们给分开了，但是大家可以看到井中的水是相连的，可见陆游与唐琬的心始终连在一起。"①

这种解释将毫不相关的字、井、人混为一谈，拉东扯西，乱中取胜，把游客弄晕了为算，其实纯属瞎编乱造。我想，王学仲先生听到了也绝不会答应的！

其实，"宋井亭"的"井"字完全是篆书的一种规范写法，并无任何寓意。明末闵齐伋的《六书通》中收录了的古篆"井"字的四种写法，中间或为一点，或为一横，或者是个圆圈，也可以什么也没有。

①见《沈园导游词》。

下面是西周《散氏盘》中的"井"字,可以看出王学仲先生所题"井"字即来源于此,故"宋井亭"三字明显带有金文笔意。

▲(西周)《散氏盘》中的"井"字

因《说文解字》是解篆字的,故《说文解字》中无"井"而有"丼"。《说文解字》对"丼"字释为:"丼,八家为一丼,象构韩形。·,甕之象也"。许慎认为"丼"中间那一点像"甕",清代段玉裁在《說文解字注》中对"甕"注解为"汲缾也",意思是汲水用的瓶子。另据北宋丁度等人撰写的《集韵》考证:"丼:投物井中声。""丼"中那一点又变成了抽象的回声。而有当代学者通过踏勘实证分析认为,因华北平原土厚井深,站在井口俯视,黑洞幽邃,唯见天光投影,圆圆一点。若无这个亮点,那就是没水的涸井。"丼"中一点又成了天光在井中的投影。

"井"字虽不见于《说文解字》,其实却比"丼"字要古老得多。在中国最早的文字甲骨文中,皆写作"井",并没有"丼"中那一点。下面是"井"的字形演变:

甲骨文	金文	篆文	隶书	楷书	行书	草书	标准宋体
井	井	丼	井	井	阱	井	井	井
京津2004	盂鼎	五祀卫鼎	说文解字	史晨碑	颜真卿 欧阳询	唐寅	王羲之	印刷字库

由"井"的字形演变我们知道,在甲骨文中,"井"字没有一点;金文则形成了"井"与"丼"两种字形;小篆又统一为"丼";之后在隶、楷、行、草中又恢复写作"井"。因王学仲先生所题"宋井亭"为篆书,故当有一点。

总之,对于"丼"中那"一点"(或"一横")究竟代表了什么,学术界或许还会争论下去。但有一点是可以肯定的,绝不可能代表陆游的母亲将陆游与唐琬分开!

济南名士轩上的"三点"谜团

在济南大明湖最大的湖中岛上,巍立着闻名遐迩的海右古亭——历下亭。唐天宝四年(745年),诗人杜甫到临邑看望其弟杜颖,途经济南,适逢杜甫的忘年交北海太守李邕至济,便在此亭宴请杜甫及济南诸名士,杜甫即席赋《陪李北海宴历下亭》诗一首,留下了"海右此亭古,济南名士多"的著名诗句。

于是,人们便在历下亭旁建起了名士轩。该轩坐北朝南,面阔五间,硬山出厦,花雕扇扉,轩内西壁上嵌有唐代大书法家李邕、大诗人杜甫以及自秦汉以来祖籍济南的15位名士的石刻画像,供世人瞻仰膜拜。名士轩也成了文人雅士们的游赏宴集之所,吸引着更多的名士莺集、落脚泉城。

在名士轩的门楣之上,悬有一方"名士轩"隶字匾额,为1911年春清末书画家朱庆元题写。

▲大明湖"名士轩"匾额

乱花渐欲迷人眼　错字解谜篇

然而，不知从何时起，人们发现"名士轩"三字中竟有两个错字："名"字上多了一点，"士"字上多了两点，于是便认为这是朱庆元有意为之，意在期望济南的名士多一点，多一点，再多一点，将美好的祝愿通过诙谐的书法形式表现出来。

不过，此说倘能成立，只能说明朱庆元认为济南的名士还不够多，所以才要多点，多点，再多点。那么，这就不是对济南的褒扬，而是有所贬抑了。事实上，济南历史上的名士远远不止名士轩画像上的那十几人，如果开列出一个详单的话，那将是洋洋数百人，堪称蔚为大观。因此，杜甫的诗也不是信口胡诌的，而是有根有据的。试想，如果连济南的名士还要多三点话，那么其他地方呢，岂不是要多百点、千点了？

事实上，朱庆元所题"名士轩"三字根本就没有什么错字，那"三点"也不是额外添加上去的，而是隶书的一种常规写法。

我们首先看"名"字。《说文解字》对"名"的解释为："名，自命也，从口从夕。夕者，冥也。冥不相见，故以口自名。"可见，"名"是由"口"和"夕"组成的会意字。前面我们说了，"名士轩"三字为隶书。在隶书中，"名"字的"夕"中可以写成两点。此种写法在东汉《曹全碑》中即已出现，在清人隶书中更是广泛使用。

（东汉）　（清）　（清）　（清）　（清）
《曹全碑》　郑簠　高凤翰　金农　吴让之

我们再看"士"字。《说文解字》对"士"的解释为："士，事也。数始于一，终于十。从一从十。孔子曰：'推十合一为士。'"由此我们知道，"士"是由"一"和"十"组成的会意字。那么，其中的两点又是怎么来的呢？在清代顾南原撰集的《隶辨》中，注明𡈼、𡉚为"古文士也"，即为"士"的古文写法。虽然"士"字加两点的写法在汉隶中并不普遍，却大量出现在清人隶书中。

（清）　（清）　（清）　（清）　（清）
郑簠　陈希濂　莫友芝　杨岘　翁同龢

清代由于金石学和小学的复兴，故清代书家在古文字的研究上明显超过前代，从而造成清代隶书鼎盛、名家辈出的局面，同时也出现了一种用隶、楷、行等今文字书写古文字的现象。

下面是明代闵齐伋《六书通》中所收录的篆体"士"字，我们可以看到普遍带有装饰符号。因"士"字笔画较少，故清人隶书多仿效篆书写法加点，不仅可使"士"字结构丰满，而且彰显古意，故而颇受青睐。

清代隶书具有抒发性灵、解放思想、师汉隶但不为汉隶所束缚的与时俱进的特点，用清代画家石涛的话讲，就是勇于"借古以开今"。正如清末民初的书法家杨守敬在《学书迩言》中所言，清代隶书"超轶前代，直接汉人。……皆原本古先，自出机杼，未可以时代降也"。在"名士轩"上，我们领略到了清人隶书的风采和其开拓创新的精神。

乱花渐欲迷人眼　错字解谜篇

长寿石让人过一年小一岁？

在古都北京风景秀丽的什刹海后海北沿，有两扇朱红色大门正对着后海，门额上是中国书法家协会首任主席舒同题写的"中华人民共和国名誉主席宋庆龄同志故居"。1963 年宋庆龄迁居于此，直至 1981 年逝世，在此生活工作了 18 个春秋。

宋庆龄故居原为清代王府花园。始建于清康熙年间，最早为大学士明珠的府邸花园，乾隆年间成为和珅别院，嘉庆年间又改为成亲王永瑆的王府花园，后为光绪皇帝的父亲醇亲王奕譞的府邸花园，清末又为末代皇帝溥仪之父醇亲王载沣的王府花园，即摄政王府花园。

在故居庭院西南角的石桥边，立有一件宋庆龄生前极为珍爱的宝物，是块 3 米高的太湖石，因形如鹤发老人，故名"长寿石"，石上刻有"岁岁平安"4 字楷书，据说为花园故主成亲王永瑆所题。"岁岁平安"表达了人们最朴素美好的祝福，故宋庆龄生前常请中外友人在此留影纪念。

近日，偶阅《什刹海的名人故居纪念馆》[①]一书。发现在介绍"宋庆龄故居"的一节中，作者认

▲长寿石上的"岁岁平安"

[①] 当代中国出版社，什刹海研究会编，2007 年 3 月第 1 版。

错字的尖叫

为长寿石上"岁岁平安"的两个繁体"歲"字颇有深意，把"一少"写为"一小"，似有过一年不是少一岁而是小一岁之意，寓意庭院的主人和客人越活越年轻。

这种说法听起来似乎很有道理，仔细推敲却漏洞百出。首先，我们知道繁体印刷体的"歲"字中并不是"一少"，而是"步"的下半截，故"歲"字收在了《说文解字》的"步部"中。

《说文解字》对"歲"字解释为："歲，木星也。越历二十八宿，宣徧阴阳，十二月一次。从步，戌声。"但是从下图"歲"的字形演变我们可以看出，在甲骨文和金文中，"歲"字中不是"戈"就是"戉"，含有杀伐之意。如甲骨文的"歲"（𢦏），是由刑具"戈"（𢦏）和两个"止"（脚）（𣥂）构成，故有人认为"歲"是表示一把大斧把人的双脚砍断，这是夏商周时期的一种酷刑，即"刖刑"①。

甲骨文	金文	篆文	隶书	楷书	行书	草书	繁体标宋	简体标宋
𢦏	𢦏	歲	歲	歲	岁	歲	歲	岁
甲2961	徐1·1	利簋 毛公鼎	说文解字	张景碑 颜真卿	颜真卿	董其昌 敬世江	毛泽东	印刷字库	印刷字库

虽然许慎对"歲"字的解释与甲骨文字形有异，但两者都认为"歲"中应为"步"（"步"是由上下两个"止"构成），绝非什么"一少"。

那么，长寿石上的两个"歲"字，为何又写成了"一小"呢？下面是《书法字典》中收录的"歲"字，可以看出，"歲"字下或为"一小"，或将"小"写成三点，同时也可写作"步"的下半截。但无论哪种写法，都没有什么特殊含义，只是书家的个人喜好和书写时的自由选择。因此，所谓"歲"字里的"一小"表示小一岁的说法纯属望文生义。

歲	歲	歲	歲	歲	歲	歲
褚遂良	柳公权	安乐王墓志	赵佶	褚遂良	郑道昭	黄庭坚
歲	歲	歲	歲	歲	歲	歲
敬使君碑	李世民	李邕	李邕	陈师锡	马鸣寺碑	张旭
歲	歲	歲	歲	歲	歲	歲
孙秋生造像	王庭筠	王献之	赵之谦	智永	颜真卿	颜真卿

---

①亦称"剕刑"、"膑刑"。

最后我们再了解一下书写者成亲王永瑆的情况。

永瑆(1752—1823年)是乾隆皇帝的第十一子,嘉庆的哥哥,嘉庆年间曾任军机处行走。永瑆自幼酷爱书法,几十年刻苦临池,加上他得天独厚的条件,得窥内府所藏,故书名重于一时,士大夫得其片纸只字,皆视若珍宝。永瑆楷书学赵孟頫、欧阳询,小楷出入晋、唐,其书法用笔俊逸,结体疏朗,风格典雅,行草书亦纵逸深厚,颇具风采。与刘墉、翁方纲、铁保并称为"清四家"[①]。

从书风上判断,长寿石上"岁岁平安"四字为成亲王所书应无太大问题。此四字介于赵、欧之间,更多地承袭了赵孟頫书法圆润端美的特点,同时又具有欧阳询书法转折方劲的特征,与清杨翰《息柯杂著》中所论"其(永瑆)从赵承旨[②]上溯欧阳率更[③],虽偶涉诸家,终不离两家宗旨"相符。

[①]"清四家"另有一说是指翁方纲、刘墉、梁同书、王文治。
[②]即元代书法家赵孟頫。赵孟頫曾官至翰林学士承旨,故也称赵承旨。
[③]即唐代书法家欧阳询。欧阳询曾官至太子率更令,故也称欧阳率更。

白马寺解"文字禅"

河南洛阳白马寺是佛教传入中国后建造的第一座寺院,有中国佛教的"祖庭"和"释源"之称。在白马寺里,有一处非常独特的景观——清凉台。清凉台是由青砖镶砌而成的高台,长43米、宽33米、高6米,有"空中庭院"的美誉,堪称白马寺的胜景。

▲洛阳白马寺清凉台

相传,清凉台原是汉明帝刘庄小时候避暑、读书的地方。后来两位印度僧人摄摩腾、竺法兰来到洛阳,被安排在清凉台上居住并译经传教。第一本汉文佛经《四十二章经》由此译出,从而奠定了白马寺作为中国第一译经道场的地位。

2007年国庆节,我与友人同游白马寺。拾级登上清凉台的石磴,抬头即见门头上镌刻的"清凉台"三个隶字(见下页图)。

乱花渐欲迷人眼　错字解谜篇

▲"清凉台"门额

随同的导游提醒说："大家仔细看一下'清凉台'三个字，找找其中的一个错字。对！'凉'字本来是两点水，而这里却写成了三点水。"接着马上解释道："因为白马寺是皇家寺院，这里自然处处就比老百姓家优越了，加之清凉台是汉明帝乘凉避暑的地方，因此这'凉'字就多了一点，表示更凉一点的意思。"

此说乍听颇像"文字禅"，游客们纷纷颔首微笑。我却感到浑身发凉，显然导游被简化字给搞糊涂了，以为"涼"是个错字。其实，"涼"在古代是标准的正体字，而现在的规范汉字"凉"却是其俗字。

查阅东汉许慎的《说文解字》就会发现，有"涼"而无"凉"。"涼"字收入在《说文解字》卷十一的"水部"中，许慎的解释为："涼，薄也。从水京聲。"意思是"薄寒曰涼"。虽然《说文解字》没有收入"凉"字，但清代段玉裁在《说文解字注》中标出"凉"为"涼"的俗字，并称："至《集韵》乃特出凉字。"《集韵》是宋仁宗宝元二年（1039年）编纂的一部字书，这就是说到了宋代以后，"凉"字才大量出现。

不过，段玉裁此说不确。"涼、凉"这对正俗字，早在唐代颜元孙的《干禄字书》中即已收录，另外"凉"字也收在唐代张参①的《五经文字》中。另一个旁证材料就是，中唐时期柳公权的《玄秘塔碑》中就使用过俗体的"凉"字（见右图）。

▲（唐）柳公权

为何会出现"两点水"和"三点水"两个凉字呢？我们只要探寻一下凉字的字形演变就不难得出答案。

---

①唐代宗时人，字、里、生卒年不详。

错字的尖叫

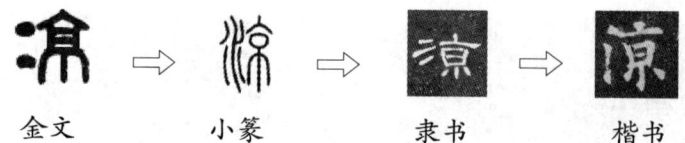

金文　　　小篆　　　隶书　　　楷书

我们看到，金文"凉"字用的是"两点水"，与我们现行简化字"凉"完全一样；而小篆则易为"水"，这样在之后的隶书、楷书中就写成了"三点水"。看来，"凉"、"凉"皆渊源有自，如此在以后的汉字使用中就出现了"凉""凉"共存的现象。

然而，"两点水"和"三点水"作为构字部件，在构字上是各司其职的。在甲骨文中，"两点水"写作"仌"，也就是上古的"冰"字。故而以"两点水"作为部首的字，其本义多与冰、寒有关，如冷、冻、凝、凌、凄、寒[①]等；而以"三点水"为部首的字本义多与水有关，如江、河、泳、涛、浪等。

当然，冰和水还是有着密切关系的，无水不成冰嘛。所以，古人在造字过程中，在表示"凉"这个含义时，究竟使用"两点水"还是"三点水"上却出现了混乱。相同的情况还发生在"冻"字上，在古代也有"涷、凍"两种写法，与"凉、凉"一样，也是"两点水"的为俗字，"三点水"的为正字。

最后，顺便跟导游开个玩笑，如果硬要在"凉、凉"中间比出哪个"更凉一点"的话，答案与导游所说的恰恰相反，"两点水"的"凉"要比"三点水"的"凉"更凉一点，因为"凉"从冰，荀子有言："冰，水为之而寒于水。"

---

① "寒"的"两点水"在下部。

登华山想起了孔乙己

看了这个题目,您一定会心生疑窦:华山与鲁迅先生笔下的孔乙己有何干系?真可谓风马牛不相及也。孔乙己终其一生恐怕连鲁镇也没怎么出去过,对于千余公里外的华山恐怕只有梦游的份了。别急,您听我慢慢道来。

2012年10月,我应邀去河南三门峡日报社讲课,课后主人特意安排我去华山一游。

经过一段长途艰辛的登攀,过青柯坪再上一段陡坡,猛抬头只见路侧的崖壁上镌刻着三个大字——"迴心石"。三字朗朗濯目,端朴若古佛之容,深藏禅意。

为何叫"迴心石"呢?原来此处距华山山门已有5.3公里,虽然一直走峪道,但坡陡路长,令人精疲力尽,而前面就是势如刀削、天开一线的千尺㠉、百尺峡,一架天梯若隐若现地悬在嶙峋的山谷中,游人至此常畏险不前,许多人因此原道返回,故取名"迴心"。现在"迴心石"旁还刻有"英雄进步"、"当思父母"等字,以激励并告诫登山者既要勇往直前,又要小心谨慎。

此处的"迴心石"石刻位于在登山道的右侧,在山道左侧还有两处。

然而,这两处石刻却出现了两种不同的写法:

▲"迴心石"刻石

错字的尖叫

▲ "迴心石"和"回心石"

一为"迴心石",一为"回心石"。很多游客就像遭遇眼前的华山云雾一样被搞得一头雾水,到底哪个对呢?看看手中的华山旅游景点介绍,写的却是"回心石",因此依据常识判断,一些游客认为一定是"迴心石"写错了。

这时我忽然想起了孔乙己,在鲁迅先生的《孔乙己》那篇小说里,孔乙己不是说过"回字有四样写法"吗?这个"迴"字会不会是其中的一种呢?

带着疑问我继续向华山的顶峰攀登,眼前的华山给我雾一般的谜。前面的山路越来越陡,石阶两侧镌刻着一副对联(见下图):

登峰造极　险路途中敢昂头

闯关越隘　顽石面前岂回心

▲ 华山石刻对联

很显然，这是现代人留下的印记，因其使用的都是简化字。那么，前面的"回心石"也应是现代人后刻的吧。

回到家中，我立即翻开新修订的第六版《现代汉语词典》，发现在第576页的"回"字后竟附有五个异体字，分别是"迴、*廻、*逥、**囘、**囬"。按照《现代汉语词典》"凡例"中的解释，"迴"为"回"的繁体字，带一个*号的是《第一批异体字整理表》中的异体字，而带两个*号的则是《第一批异体字整理表》以外的异体字。

然而，现在使用的简化字"回"，在繁体字中却对应着"回"和"迴"两个字，汉字简化后，两字才同音合并为"回"。

这样，"回"和"迴"在过去是两个不同的汉字了，"回心石"和"迴心石"到底哪个对呢？

不过，与很多同音合并的汉字不同的是，"回"和"迴"之间却存在着"近亲关系"。《洪武正韵》称"迴"字"与回同"。《正字通》交代原委："古无迴字，盖回即靁字，水囬为回，后人欲别之，加辶当作迴。"看来，"回"为"迴"的初文，"迴"为后起字，两字字源相同，意义上却有了细微差别。故而"回心石"和"迴心石"都不算错，两者含义上的微妙之处游客只有去揣摩领会了。

解决了"迴心石"之谜，忽又想起孔乙己所说的"回字有四样写法"来，到底指的是哪四样呢？

记得初中语文课本上，在《孔乙己》课文下面有一条注解，大意是：回字只有三种写法，即：回、囘、囬，第四种是没有的，说明孔乙己自以为博学，其实是错误的。

如果按照《现代汉语词典》的标注，"回"字加上括号内的五个异体字，就有了六种写法，这竟比"回"字专家孔乙己先生知道的还要多出两种。

然而还没有完，翻阅《汉语大字典》，发现"廻"字还有一个异体字，其廴部上又可写作囘。在《康熙字典》的"丑集备考"部分①，又收录了"回"字的另一种写法囩，注明："《篇海》②同回。"

---

① 见《康熙字典》"丑集备考""口部"，第1590页，中州古籍出版社，2006年10月第1版。
② 《篇海》是古代字书中收字最多的字典，也是第一部按笔画数序排字的大型字典，约成书于公元1130年，收字62236个。由金人王太等人编纂，原名《增广类玉篇海》，后韩道升《重编改并五音篇海序》首次简称为《篇海》。

这样算来算去,"回"字竟有了八种写法,难道鲁迅先生替孔乙己少算了?鲁迅先生可是国学大师章太炎先生的入室弟子,曾亲聆太炎先生讲授《说文解字》,他岂会在此问题上忽悠读者?仔细想来,孔乙己问的是茴香豆的"茴"字写法,然后由草头底下的"回"引发出"回字的四样写法",故而不可能是"迴"、"廻"、"逥"等字,排除这四种,则孔乙己所说的"回字的四样写法"应为:回、囘、囬、圁。

至于这四个"回"字的关系,可作一粗略区分:"回"为本字。《说文解字》对"回"的解释为:"⌾,转也。从口,中象回转形。"同时注明:"古文⌾(囘)"。可知"囘"为"回"的古文。至于"囬",《康熙字典》称:"俗作囬。"故"囬"以及《篇海》中收录的圁都应是"回"的俗字。

最后顺便说一下,现在很多人认为孔乙己穷究于回字的4种写法正是其迂腐的表现,斥之为无用的"学问"。其实,这是小学(文字学)的必修课。如果不了解"回"字的4种写法,也就不可能知道中国文字的源流以及相关的文化。举个例子吧,《红楼梦》第三十回有个"龄官划蔷"的美丽故事,宝玉隔着篱笆洞儿随着龄官簪子的起落,一直一画一点一钩地看了去,数一数,18笔,原来是个蔷薇花的"蔷"字。大家数一下,简化字"蔷"为14笔,而繁体字"蘠"为16笔(草头断开为17笔),怎么会是18笔呢?这里就用得上"回"字的4种写法了。原来"蔷"下应为"囬",草头断开正好18笔。

下面是我试书的18笔的"蔷"字——

乱花渐欲迷人眼　错字解谜篇

曹操唯一传世书法竟有错字？

在陕西汉中市博物馆，有一组著名的镇馆之宝，即震古烁今的"汉魏十三品"摩崖刻石，它们原镌刻于褒斜道南端的石门内外的崖壁上，后因修建石门水库，于1970年凿迁移至汉中城内古汉台(即今汉中市博物馆所在地)，粘接复原，并专辟一室，名为"汉魏石门十三品陈列馆"。

"汉魏十三品"中，其第九品"衮雪"摩崖刻石尤为引人注目，因为它传为曹操所书。

▲"衮雪"摩崖刻石

▲"衮雪"刻石拓片

"衮雪"摩崖刻石，高70厘米，宽150厘米，上镌隶书"衮雪"二大字，字径45厘米，左侧有隶书"魏王"小字款。

错字的尖叫

据《三国志·魏书·武帝纪》记载，曹操曾于建安二十年（公元215年）和二十四年（公元219年）两次来到汉中。传说建安二十年，曹操西征张鲁到汉中，途经褒斜栈道咽喉石门(今陕西褒城)时，看见褒河水流湍急，冲击河内乱石，喷沫飞溅如雪团之状，一时书兴大发，挥毫题写了"衮雪"二字，并命人摹刻在摩崖石壁上。

曹操诗文盖天下，然而他的书法却十分罕见。观此二字，"衮"字充满动势，内力十足，其点画颇具象形意味，中间四点如飞溅之水花，下边一撇一捺一竖钩均向上翘起，状如湍急之水流，给人以活泼、张扬、激荡的阳刚之美；而"雪"字则平和、内敛、朴实，充满了静态阴柔之感。两字一个"动若脱兔"，一个"静若处子"，阴阳和谐，动静得体，刚柔相济，方圆兼备，堪称佳构。

从字体上看，这两个字近篆而非，属隶又违，行笔纵放不羁，确有波涛澎湃之势，较好地体现出了曹操的风韵神采与汉魏风骨。故清人罗秀书在《褒谷古迹辑略》中对"衮雪"二字评道："昔人比魏武为狮子，言其性之好动也。今见其书如此，如见其人矣！"后人又有诗赞曰："滚滚飞涛雪作窝，势如天上泻银河。浪花并作笔花舞，魏武精神万顷波"。

从内容上看，"衮雪"二字充满了诗意和想象力，是精辟绝佳的景观描写。这或许启发了900年后的苏东坡，才写出了"乱石穿空，惊涛拍岸，卷起千堆雪"的千古绝唱。然而不知为何，曹操却将"滚雪"写作"衮雪"？

我们知道，"滚"有大水奔流之意，而"衮"当作何解？这不禁让人们由困惑进而产生了怀疑。

2010年9月30日成都《天府早报》以"曹操写错字"为题，报道了在四川博物院举办的"大三国志展——蜀汉巡礼"，文中有一段记者与专家的现场对话：

▲2010年9月30日《天府早报》报道标题

"'衮雪'是啥子意思？应该是'滚雪'哦，但是三点水跑哪儿去了？又或者没有三点水？"这些是现场记者普遍不解的问题，而据专家介绍，建安二十年（公元215年），曹操西征张鲁到汉中，经过栈道咽喉石门时，看到河水冲击石块水花四溅，犹如滚动之雪浪，顿时诗兴大发，奋笔疾书"衮雪"二字，随从提醒曹操，"衮"字少了三点水，曹操却打趣道："江中之水甚矣，何须画蛇添足？"所以在民间，也有这样一个顺口溜："狂涛巨浪流石边，'衮'字旁边不用点。"

按照专家的解释，"衮雪"是曹操搞得文字游戏，是有意写的错字。此前，"大三国志展"在河南博物院展出时，河南《东方今报》也以《曹操原来最爱玩文字游戏 "滚雪"特意写成"衮雪"》为题作过类似报道①。

在大家的印象中，曹操确实是位爱玩文字游戏的人。《三国演义》记载了导致曹操诛杀杨修的两个小故事。一次，曹操让人建造了一座花园，竣工之时，邀请他去参观。曹操到了之后，二话不说，拿起笔来在门上写一"活"字，便扬长而去。众人不解，主簿杨修说："'门'内写一'活'字，不就是个'阔'字嘛，丞相是嫌这园门造得太阔气了。"众人这才恍然大悟，于是便把门拆了，重新又改造了一下。又一日塞北送来一盒酥，曹操在上面题曰："一合酥"。杨修见后，便与众人把酥分吃了。曹操质问他时，杨修答道："上面明明写着'一人一口酥'嘛，我岂敢违背丞相的命令。"联系曹操一贯的行事作风，这个"衮雪"确实也有些故弄玄虚。

其实在古代，"衮"为"滚"的俗字，两字可相通互用。如杜甫《登高》诗中的"无边落木萧萧下，不尽长江衮衮②来"。《宋史·河渠志七》中有："每受潮水，演溢奔突……以致咸潮衮入上河。"宋代洪迈的《夷坚志·雷震石保义》记载："雷电发屋撤木，火球数十衮于地。"再如苏东坡的《十二时中偈》："百衮油铛里，恣把心肝炸。"故而"衮雪"并不是错字。

现在我们虽然为"衮雪"进行了正名，但另一个问题又浮现出来："衮雪"却未必是曹操的亲笔书迹，后人仿题的可能性很大。

一个重要的理由就是，"衮雪"与当时的字体不符。通过"衮雪"二字的笔画我们可以看出，这显系一位习惯于楷书书写的人所作的隶书，而在曹操所处的汉末楷书尚未成熟，不应有此情形。另外，就是"魏王"二字名款追镌的痕迹明显，很可能是后人因慕曹操之名添加上去的。故此，有很多学者都认为这件刻

---

① 见 2010 年 4 月 2 日《东方今报》。
② 现写作"滚滚"。

石不过是后世好事者的伪造,客气点的就称之为"疑为曹操存世手迹"。

虽则如此,曹操在书史上的地位却不容小觑。他不仅是卓越的政治家、思想家、文学家,还是位当之无愧的书法家。曹操是汉末章草五大家之一[①]。据史料记载,曹操常与当时的著名书法家钟繇、梁鹄、邯郸淳、韦诞、孙子荆等人切磋书艺,还特意将秘书令梁鹄的字挂在帐中,仔细揣摩欣赏。南朝庾肩吾在《书品》中赞其"隶墨雄瞻",把曹操的书法列入中中之品[②]。唐代张怀瓘的《书断》则称"武帝尤工章草,雄逸绝伦",将其书法纳入妙品[③]。宋代陈思《书苑菁华》评其书法道:"曹操书如金花细落,遍地玲珑,荆玉分辉,瑶碧璀璨。"看来《三国志》对曹操"非常之人,超世之杰"的评价绝非虚誉。

曹操虽然善书,但可能是由于忙于战事、政事的缘故吧,后世存留的墨迹却很少。宋代郑樵在《通志·金石略》中,仅收录曹操书写的一篇《大飨碑》;明代杨慎在《丹铅总录》中,也只是提到元朝时还有曹操书写的《贺捷表》;另据清代叶奕苞在《金石录》中记载,曹操在武昌黄鹤楼侧曾题有凛凛有生气的"涌月台"大字榜书。可惜这些遗珍现在都杳无影踪了。

也许人们太希望看到曹操的手泽之遗了,故宁愿相信"衮雪"二字为真,这使得我们有了与一代枭雄零距离对话的机会。姑且以后人的一首咏史诗作结:

> 白浪千堆衮雪痕,
> 人云魏武未销魂。
> 乌桓北骓风霜薄,
> 赤壁东风寒日昏。
> 起始赋诗横一槊,
> 到今疑冢掩重门。
> 英雄涕泪谁能似?
> 铜雀分香世不尊。

[①] 另外四人为崔瑗、崔实、张芝、张昶。
[②]《书品》把古代名人书法分为上中下品,每品又分上中下,合而为九品。共品评汉至齐梁间的书法家123位。
[③]《书断》将历代书家分"神、妙、能"三品。神品25人(除各体重复外,得12人),妙品98人(除各体重复外,得39人),能品107人(除各体重复外,得35人)。

错字辨惑篇

山重水复疑无路

栖霞寺的文字之争

在距江苏省南京市东北 20 多公里的栖霞山上,有座名列佛教"四大丛林"之一的南朝古刹——"栖霞寺"。栖霞山又名摄山,以山上多产药材食之可以摄生而得名,故栖霞寺又名为"摄山栖霞寺"。

▲栖霞寺山门

▲栖霞寺寺门

错字的尖叫

然而，2005年8月28日南京《金陵晚报》的一篇文章却打破了这座千年古刹的宁静。在这天《金陵晚报》的A3版上，刊登了一篇题为《栖霞寺匾额有误》的文章，在社会上引起了广泛的争议。下面是报道的部分内容——

昨日，本报读者林先生打来热线称，栖霞寺庙门上的匾额有错别字，"栖霞寺"应该为"棲霞寺"，因为寺上匾额的落款是"御笔"，也就是皇帝的手迹，因此是不可能出现"栖"这个规范后的简体字，而应该是它的繁体写法——棲。

记者就此特地前往栖霞寺，向寺院的隆相法师求证林先生的说法。

记者在寺院山门前看见，由当代书法家赵朴初题写的山门为繁体的"摄山棲霞寺"（作者注：应为"棲霞禅寺"。见右图），而落款同样也是繁体。但是寺门匾额却是简体版的"摄山栖霞寺"，落款为"御笔"（见右下图）。情况与林先生所说一致。

寺院的隆相法师解释说栖字的简体和繁体在古代其实是通用的。但是这个匾额究竟是哪个皇帝题写的，法师说已无从考证。

"栖"字的简、繁体真的在有皇帝的年代就通用了吗？记者向地方志专家王涌坚求证。王涌坚听后否定了隆相法师的说法。王涌坚说，古代人不可能用"栖"这个简体字，因为建国前要用到"栖"的地方一般都用它的繁体字，包括《词源》都标注"栖"是"棲"简化后的写法。

王涌坚说栖霞寺庙门匾额究竟是哪个皇帝御笔、是不是皇帝御笔都尚待考证，但是以皇帝的名义题写简体字显然在推理是站不住脚的。

▲山门门额"棲霞禅寺"

▲寺门门额"摄山栖霞寺"

文章最后断言:"寺门匾额上的题字究竟是哪位皇帝写的,目前仍无法考证,但如果真是出自皇帝之手,寺门匾额'摄山栖霞寺'的'栖'确实不对,应该为'棲'。"

今人写繁体字,而古人却写简化字,岂非咄咄怪事!

其实,隆相法师解释是正确的,古代"棲"、"栖"通用。

翻开唐代颜元孙的《干禄字书》,"栖"、"棲"二字都收录其中,标明"棲"为俗字,而"栖"为正字。简化字舍繁取简,舍俗取正,应该说是正确和明智的。

那么,为什么会出现两个"栖"呢?

"棲",我们一望而知为形声字,"妻"为声符;而"栖",从木从西为会意,同时"西"也兼表声。

关于"西"字,东汉许慎在《说文解字》中释为:"鸟在巢上也。象形。日在西方而鸟栖,故因以为东西之西。"

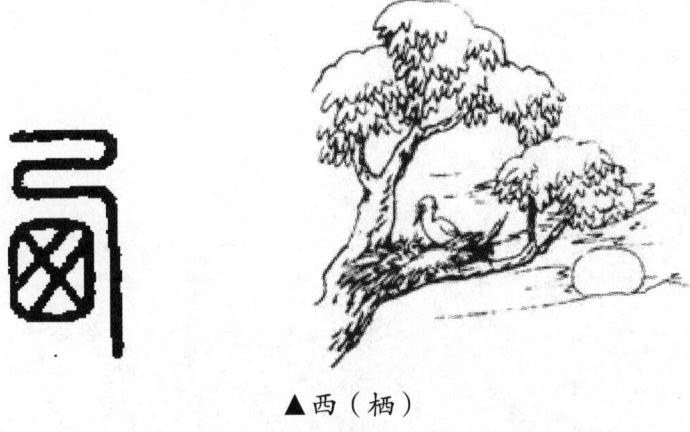

▲西(栖)

从下面"西"字的甲骨文、金文可以看出,"西"像鸟巢形。小篆"西"则在鸟巢之上添一折叠曲线以为鸟形,表示鸟在巢上之意。所以,西的本义就是鸟巢,又有栖息之义。这也就是"栖"为正体的原因。

甲骨文　　　　金文　　　　小篆

在古代,这种正体而书写简便的"栖"被大量使用。从下面《书法字典》

中所收录的楷书"栖"（"棲"）字中，我们可以看出古人的喜好。褚遂良尤爱写"栖"，而颜真卿则"栖"、"棲"兼用。

栖	栖	栖	棲	棲	栖	栖	栖
褚遂良	褚遂良	褚遂良	欧阳通	颜真卿	颜真卿	苏轼	水岛修三

其实，这场争论的答案就在栖霞寺中。在栖霞寺山门外侧有一通著名的江南古碑——立于唐上元三年（676年）的《摄山栖霞寺明征君之碑》（见下图），碑阴刻有唐高宗亲笔所书的"栖霞之寺"四字。

▲唐《摄山栖霞寺明征君之碑》

还有南宋诗人游九言（1142—1206年）题写的"栖霞山"擘窠大字（见下页图），用的也是"栖"字。

至于寺门门额上的"摄山栖霞寺"是哪个皇帝的"御笔"？仅从字迹判断，似应出自乾隆皇帝之手。乾隆雅赏元朝书法家赵孟頫的书法，其书工稳均匀，圆润秀发，婉转流畅，楷书中多夹有行书的笔意，体现出一代天子的雍容气度。另外，乾隆曾在栖霞寺建造行宫，5次御驾亲临，为栖霞山写下116首诗歌，在《乾隆御制诗文法帖》①中,"楼"、"栖"两种写法都有使用。显然,乾隆皇帝是非常清楚"栖"字的写法的。

▲ "栖霞山"石刻拓片

至于乾隆在题写"摄山栖霞寺"时,为何舍"楼"而取"栖"?我想主要是出于整体布局均衡的考量。因上面的"摄"字与下面的"霞"字笔画都较繁密,而"栖"("楼")字夹在中间需要相对内敛,故选用笔画较少的"栖"字以分出宾主。

这正是:

      栖楼自古存,

      简化定一尊。

      岂料千载后,

      丛林文字困。

---

①《乾隆御制诗文法帖》,中国书店出版,2010年6月第一版。

错字的尖叫

李白遍地被"壮观"

记得十多年前,为了报考武汉大学新闻系研究生,我从老家安徽来到了湖北武汉这座陌生的城市,去武大买好教材后,便独自一人登上了心仪已久的黄鹤楼。

我随着游客的队伍缓缓前行,一名女导游在前面为大家讲解着。

黄鹤楼下有许多名人题写的碑刻。转过诗碑廊,只见毛泽东词亭对面的一面黄砂崖山壁上,镌刻着两个苍劲有力的朱红大字——"壮观"。每字高2米,深5厘米,颇为夺目。

▲武汉黄鹤楼"壮观"摩崖刻石

导游告诉大家,这两个字为李白豪饮后所题,"大家可以看到,'壮'字右侧多了一点,这是什么原因呢?有人说,爱喝酒的'诗仙'在喝醉酒后,无意点上去的;其实不然,这应该是中国文字的奥妙所在,'壮观'多一点,就是壮观多一点嘛,说明黄鹤楼很壮观,文字无法准确表达,只能用这种会意的手法来描述比'壮观'更壮观了!"

的确,在左侧"觀"("观")字的一撇下缀有"太白"二小字。不过,导游的这种说法实属牵强,李白要表现黄鹤楼的壮观气势,却要通过加一个点来强调,颇失壮观之意,感觉也太没有想象力了。虽然李白在登黄鹤楼时见崔颢题诗,气短叹服,遂不复作,但他毕竟还是那个写出"白发三千丈,缘愁似个长"、"黄河之水天上来"的伟大浪漫主义诗人啊;同时,这也岂不是说李白的书法太一般了,只能通过添加一个点来表现黄鹤楼的壮观气势吗?

其实,"壮"字加一点只是书法创作中形式美的需要,并没有什么深意。这一点在"壮"字中主要起到收笔回顾的作用,同时也与"觀"字的勾挑相呼应,从而使整幅作品显得更加均衡匀称。加辅助点的方法在古代碑帖中很常见,加不加完全根据书写中的实际需要。下面是古代碑帖中带点的"壮"字,在隶、楷、行、草诸体中都可以使用。

(隋)
《尔朱端墓志》

(宋)米芾
《多景楼诗帖》

(明)
张瑞图草书

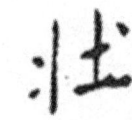
(明)
王宠

(清)
雍正

我们再看比李白早百余年的"初唐四大家"之一的褚遂良,其《房梁公碑》中也有"壮观"二字,非常巧合的是,"壮"字上也有一点。

武汉黄鹤楼之行逐渐沉埋在我的记忆深处,没想到不久前,我又与李白的这个多一点的"壮观"不期而遇了,只不过这次是在距黄鹤楼1200公里以外的山西恒山悬空寺。

▲褚遂良《房梁公碑》中的"壮观"

2012年国庆节,我随自驾游的朋友前往山西恒山悬空寺,猛抬头发现悬空寺下一块突起的山崖上有"壮观"两个擘窠大字,我简直不敢相信自己的眼

错字的尖叫

睛："壮"字竟然也多了一点,"觀"字的撇下同样缀有"太白"两个小字,只不过黄鹤楼的为横式,悬空寺的是竖式;黄鹤楼的是小摩崖,而悬空寺的则变成了更加壮观的巨型摩崖。

▲恒山悬空寺"壮观"摩崖刻石

真是匪夷所思,李白又御风而行,在悬空寺题写了同样多一点的"壮观"!我抓住一个导游就问,没想到竟出现了与黄鹤楼相似的悬空寺版本来。

导游告诉我,唐开元二十三年(735年),李白游览了悬空寺,当他仰望悬空寺的琼楼仙阁,竟惊愕得不知用什么样的诗句来描述,于是便在寺下奋笔疾书了"壮观"二大字,之所以"壮"字多了一点,是因为李白认为悬空寺比壮观还多一点!

两个内容相同的"比壮观多一点",到底谁抄袭谁的?我真恨不得起李白于地下,当面问个究竟。

没想到不久便有了答案。2012年12月7日,《武汉晚报》刊登了一篇题为《蛇山摩崖:长在石头上的字》文章,称黄鹤楼公园"这块气势雄伟、署名'太白'的'壮观'石刻手迹是从山东济宁城的南楼上摹刻而来"。并对其来龙去脉详加介绍——

这块摩崖石刻西边是黄鹤楼"古碑廊",其中有一块李白壮观碑。此碑是同治七年(公元1868年)冬修葺黄鹤楼时在任城(今山东济宁市)手揭敬刻于黄鹤楼太白堂。

李白于唐开元二十四年(公元736年)从湖北安陆搬迁到任城,在任城居住长达23年。任城李白故居太白楼院内,现存一块石碑,上刻"壮观"二字,被称为李白墨迹石刻。

这块碑最早发现于元代至正初年,为沛县永丰里冯氏所收藏。到明代,济南道台邰某将它移到济宁。清朝时此碑曾一度下落不明。清嘉庆十年(公元1805年)巡抚梁上国奉命在济宁修治大运河,在太白楼的北墙根下发现此碑,梁高兴之极,撰写了跋语。清《一统志》载:此碑有梁上国跋语者,方为"真迹祖刻"。

在古碑廊看到,从济宁市摹刻而来的"壮观"石刻,已残缺不全(见右图)。"观"字已损失大半,旁边的题跋只残存五分之一。现在的"壮观"石刻中的"观"字,是当时负责黄鹤楼公园文化工作的邵元华从济宁市重新拓片、放大后刻上的。"壮观"二字系工笔楷书①,字体流畅,端庄厚重,浪漫雄奇,既有唐代书法浑厚的气韵,又具有李白豪放的风格。

▲黄鹤楼古碑廊中的"壮观"石刻

---

①应为"恭笔楷书"。"工笔"为中国画技法名,亦称"细笔",与"写意"对称。

看来，黄鹤楼对济宁的"壮观"刻石先后进行过两次翻刻，清代据济宁拓本翻刻于古碑廊，现代又放大翻刻于黄鹤楼公园。因此，李白在黄鹤楼醉题"壮观"之说纯属子虚乌有。下图①为黄鹤楼"克隆"的原始石碑，该碑现存于山东济宁市太白楼李白纪念馆。让人颇感失望的是，这是块很普通的卧碑，感觉似乎很不"壮观"。

▲山东济宁市太白楼"壮观"碑

那么，悬空寺的"壮观"又怎么来的呢？据资料介绍，1990年国家拨专款维修悬空寺时，依据流传拓片原迹，将"壮观"二字重新镌刻在寺下的峭壁之上。至于这"流传拓片"从何而来则语焉不详。然而，让我始料不及的是，新近我在网上又发现在山东金乡县博物馆、山西大同市博物馆、山东滕州市滕国故城、山西阳高县龙混山、江苏徐州云龙山以及西安等地都有这种多一点的"壮观"刻石，而且皆言之凿凿，认为是李白醉书。

孰真孰伪？我一时无法辨别；然考其字迹，似同出一源。不过，我对各地的李白"壮观"碑均持怀疑态度。古人有言："书本心画，可以观人。"察"壮观"二字，庄严有余而纵逸不足，绝非谪仙相。尤其落款"太白"二字，拘谨而纤弱，与"壮观"二大字很不协调，很像是后人补刻上去的。因此，我看还是存疑为好。

---

①图片来源：2010年10月5日《齐鲁晚报》文章《太白楼："山东李白"的温暖印迹》。

为了更好地说明问题,我们领略一下目前公认的李白唯一的存世真迹《上阳台帖》吧。

▲李白《上阳台帖》墨迹

《上阳台帖》为李白所书的自咏四言诗,全文为:"山高水长,物象千万,非有老笔,清壮可穷。十八日,上阳台书,太白。"帖前隔水有宋徽宗赵佶瘦金书题签:"唐李太白上阳台"。

这25字笔走龙蛇,挟天风海雨之势,苍劲雄豪之气扑面而来。落款"太白"二字飘然有凌云之态,形如太白醉酒,呼之欲出。

李白的草书师从"草圣"张旭,落笔天纵,飘逸流畅,于苍劲中见挺秀;结体亦参差跌宕,顾盼有情,意态万千。正如宋代黄庭坚在《山谷题跋》中所言:"及观其稿书,大类其诗,弥使人远想慨然。"清人周星莲在《临池管见》中则称其作品"新鲜秀活,呼吸清淑,摆脱尘凡,飘飘乎有仙气"。可见,作为唐代最杰出的浪漫主义大诗人,其书法也充溢着浪漫主义的写意情调。看了这幅逸品之作,相信您一定会心生感慨:真是字如其诗,字如其人,天下无双啊!再和上面的"壮观"二字比较一下,真有仙俗之别,高下立判。

乾隆去"巫"为哪般？

棂星门是山东曲阜孔庙的第一道大门，过泮水桥，可见一座三门四柱的冲天式石坊，在下层额坊上阳刻着乾隆皇帝御笔手书的"棂星门"3个大字。

▲曲阜孔庙"棂星门"门额

在我国各地的文庙（孔庙）里，常有棂星门这样的建筑，这是文庙中很普遍的制度。孔庙设门名棂星①，喻尊孔如同尊天。曲阜孔庙棂星门建于明代，原为木质，乾隆十九年（1754年）第七十一代衍圣公孔昭焕将其改为石质。

---

① 棂星，本称灵星，即天田星。汉高祖刘邦为了风调雨顺、百姓安乐，就命令祭祀天田星，作为祭天的头等要事。到了宋代，儒家把孔子与天相配，把祭祀孔子当作祭天，所以在孔庙中也都筑有灵星门楼。后人们见门的形状好似窗棂，就把"灵星"改为"棂星"。参阅清袁枚《随园随笔·棂星门之讹》及清卢文弨《龙城札记·棂星门》。

下面是导游对棂星门的介绍——

现在我们来到的这道大门，叫做棂星门。"棂星门"三字由乾隆皇帝题写。说到棂星门，据说有一段乾隆造字的故事。"棂"的繁体字为"欞"，当年乾隆题字的时候，觉得"欞"字笔画太多，同"星门"二字写在一起，笔画粗细很难统一，就自作主张，把下面的"巫"字给去掉了。中国旧时有"名人笔下无错字"的说法，皇帝是真龙天子，更有造字的权利，于是就成了今天这个样子。另外还有一种说法是，孔子不信鬼神，圣人门前鬼不出头，所以少了这个"巫"是表示对孔子的尊敬。

按导游的说法，"櫺"字为乾隆皇帝所造，是他下命将"欞"字下面的"巫"给去掉的。

如果此说成立，那么在清乾隆以前，是不会有这个"櫺"字的。可是，早在唐代孙过庭所书的《景福殿赋》①中，在"櫺槛邳张，钩错矩成"一句里，便出现了这个"櫺"字。

另外，还有实物佐证。山东陵县有一座建于明朝嘉靖九年（1530年）的棂星门，其门额上即题为"櫺星门"。如今，这座全木构的建筑已矗立了近五百年，当年的文庙早已无存，只剩下这座大门了。

还有更早些的。如山西平遥文庙的棂星门建于明宣德九年(1434年)，门额上也写作"櫺星门"。（见下页图）

▲山东陵县棂星门

①《景福殿赋》作者为三国曹魏时的何晏。

错字的尖叫

▲平遥文庙棂星门

▲平遥文庙棂星门介绍牌

其实，只要我们翻阅一下东汉许慎的《说文解字》，就会发现在《说文解字》中，就收有这个"櫺"字。许慎的解释是：

"櫺，楯①间子也。从木霝声。"

另外，东汉班固的《西都赋》中，也有"舍櫺槛而卻倚，若颠坠而复稽"的句子。

————————————————

①楯（shǔn），阑槛横木，指阑干。

186

至于"櫐"字,最早则收录在南朝梁代太学博士顾野王的《玉篇·木部》中,释为:"櫐,长木也。"元代《古今韵会举要》注明:"櫐,通作樏。"

　　由此可知,"櫐"是"樏"的通假字,"樏"的出现要远远早于"櫐"。故而这种乾隆造"櫐"字的说法是错把爷爷当成了孙子。

　　最后,我们再谈谈这个"巫"①字。从字形上看,"巫"的上下两横代表天地,意指能够沟通天地之人。《说文解字》释为:"巫,祝也,女能事无形,以舞降神者也。"这里所说的"事无形",是指巫祝们专门与无影无踪的鬼神打交道。在古代,巫是正当高贵的职业,履行祭、祀、医、卜、算等职责,是部落首领的高级顾问,在社会族群中享有至高无上的"天赐之权"。那么孔子对巫持怎样的态度呢?子曰:"南人有言曰:'人而无恒,不可以作巫医。'善夫!"②显然,孔子对巫这种职业有高度的认同感。另外,满洲人信奉萨满教。据南宋《三朝北盟会编》③记载:"珊蛮(萨满)者,女真语巫妪也,以其通变如神。"所以,无论是从历史还是从本民族的文化上讲,乾隆都不可能拒斥这个"巫"字,擅将"巫"从"櫐"字里给去掉。

---

①巫,本音读 Mo,古代中原地区巫魔不分。如今大多数客家人都沿用 Mo 音,而不是 wū 音。wū 音是建国初期制定拼音规则时忽略的一个字音。

②见《论语》子路篇第十三。译文为:"南方人有句话说:'人如果做事没有恒心,就不能当巫医。'这句话说得真好啊!"

③宋代史学名著,全书二百五十卷,采编年体例。"三朝",指宋徽宗赵佶、宋钦宗赵桓、宋高宗赵构三朝。该书汇集了三朝有关宋金和战的多方面史料,按年月日标出事目,加以编排,故称为"北盟会编"。该书成于宋光宗绍熙五年(1194年),作者为徐梦莘(1126—1207年)。

李鸿章：错字暗藏"中国梦"？

在位于广州市粤海关旧址的中国海关博物馆广州分馆，藏有一件"镇馆之宝"——李鸿章1888年为天津海关题写的"津海新关"匾额，这块匾额见证了中国近代海关一段屈辱的历史。

▲"津海新关"匾额

天津海关历史悠久。1860年第二次鸦片战争后，清政府被迫与英、法两国签订《北京条约》，辟天津为通商口岸。翌年，清政府在天津设立津海关①（见下图）。海关贸易保护作用逆转，海关主权逐渐旁落乃至丧失，这成为中国近代海关史上的重要事件。直至1949年新中国接管

▲津海关旧址

①津海关又称"洋关"，曾创办中国近代邮政制度，发行了中国第一套邮票——"海关大龙邮票"。

前，津海关始终实行外籍税务司制度，"洋关长"累计34任。

这块"津海新关"匾额是光绪戊子年（1888年）李鸿章应津海关第四任税务司、英籍德国人德璀琳（1842—1913年）之请，为新建的津海关大楼题写的。由于德璀琳与李鸿章早在1876年《中英烟台条约》谈判时就已相识，两人关系甚洽，故德璀琳呈文恳请时任直隶总督兼北洋大臣的李鸿章赐书关名。信文如下：

> 敬禀告：窃津海新关自上年夏间开工修造，刻下业已一律告竣，自应悬挂匾额，税务司谨备纸张送呈，恭请中堂俯赐法书"津海新关"四大字，发交税务司祗领，敬请摹勒，择吉悬挂，实深荣幸，端肃恭敬福绥，垂鉴。 德璀琳
>
> 光绪十四年九月初五

因李鸿章此时正在天津，收到信函后，很快书就匾文，上款"光绪"二字为红色，其余均为黑色，显得庄重得体。李鸿章的题字随后被制作成匾，可能因为该匾超大的缘故，始终未曾悬挂，后封藏于津海关仓库，竟深睡近百年之久，侥幸逃过"文革"一劫，直至1984年才偶被发现。

"津海新关"每字约40厘米见方，四字苍劲沉稳，方正饱满。李鸿章曾师从曾国藩学习书法，曾国藩这样评价李鸿章其人其书："观阁下精悍之色露于眉宇，作字则筋胜于肉，似非长处玉堂鸣佩优游者。"[①]仅从李鸿章的面相和书法，曾国藩就预见他必非久居人下。

然而，关于李鸿章的这块匾额却盛传着"错字"的说法。

2011年3月23日天津海关成立150周年，新华社播发专稿《百年风华见证国运兴衰——天津海关150周年记》，文中第一个小标题为"匾额暗藏错字用心良苦 海关发展见证国运兴衰"，对"津海新关"匾额进行了介绍。文章认为："这个匾额上有两个错别字：'海'字最后一笔的'丶'被李鸿章写成了'丿'；李鸿章落款中的'章'字的最后一笔'丨'直通到早字头上。博学多识的李鸿章怎么会把这两个字写错呢？……海关博物馆工作人员介绍，史料记载，李鸿章匾额上的'海'字露头，意味着中国白花花的银子流出国门，被列强瓜分。'早'字露头则寓意着希望中华民族摆脱凌辱，早日崛起。在那段屈辱的历史下，李鸿章无奈只能把对国家的希望隐藏在两个错别字上。"

[①] 见《曾国藩全集》书信二，岳麓书社版，第1003页。

▲李鸿章落款及"津海新关"匾额

乍听起来,这种有关匾额"错字"的说法似乎寄寓着李鸿章渴望中华崛起的"中国梦"。其实,匾额上的"海"字及落款中的"章"字根本就不是什么错字,在古代是再正常不过的写法了。

我们首先看"海"字,在古人碑帖中,"海"字中的两点不仅行书多连写成"丿",而且楷书也常如此。颜、柳、欧、赵"楷书四大家"中,除颜真卿的楷书多写为两点外,其余的多写成"丿"。李鸿章的楷书学的是欧阳询和柳公权,他这样写就不足为怪了。

(东晋)
《爨宝子碑》

(东晋)王羲之
小楷《乐毅论》

(隋)智永
《真草千字文》

(唐)欧阳询
《九成宫醴泉铭》

(唐)柳公权
《玄秘塔碑》

(元)赵孟頫
《仇锷墓志铭》

再说那个"章"字,"章"字最后一竖通到早字头的这种写法,在古代可谓比比皆是(见下页图)。在首篇《戏说孔府楹联斯文何在?》一文中我们有过介绍。其实,李鸿章所有的署名都如此。如果连名字都写不对,这位晚清政治舞台上的新星又怎么可能在24岁考中进士,继又荣任翰林院庶吉士呢?

山重水复疑无路　错字辨惑篇

下面是晚清重臣骆秉章（1793—1867年）和清末民初著名学者章炳麟（1869—1936年）的署名，大家看，他们姓名中的"章"字也是这种写法。

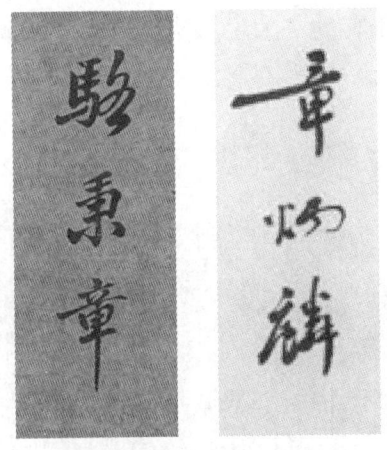

▲骆秉章和章炳麟的署名

另外，从历史背景上看，李鸿章题字时的1888年，清朝正处于所谓的"同光中兴"时期，此前刚刚经历了"乘胜即收"的中法战争，北洋海军也于是年成立，清朝拥有了一支堪称当时亚洲第一的海军舰队。从李鸿章个人来看，这时期的李鸿章，时任直隶总督兼北洋大臣、文华殿大学士，在晚清社会政治舞台上纵横捭阖，正处在他人生的巅峰期。此时还不是他1895年签订《马关条约》、1901年签署《辛丑条约》遭国人痛骂之时，他还无需大发感慨借"错字"来寄托隐忧。也不知上述报道中海关博物馆工作人员提到的史料所从何来？

此外，在中国邮政邮票博物馆、合肥李鸿章故居陈列馆也有此匾的仿制品，也都流传着相似的说法，因此很有澄清的必要。

张謇为何写三条腿的"馬"?

提起清末状元张謇(1853—1926年),大家都知道他是我国近代著名的实业家,中国棉纺织领域的早期开拓者。他创办的大生纱厂,为中国民族纺织工业的发展作出了突出贡献。

1895年,张謇在家乡南通开始筹划开设大生纱厂,其间经历了官招商办、官商合办、绅领商办三个阶段,历尽种种磨难,4年之后,大生纱厂终于在通扬运河畔的唐闸建成投产。如今,在运河边的大生码头前,复建了大生码头牌坊这座标志性建筑,将张謇的"大生马头"题字重新镌刻上去(见下图)。

▲重建的大生码头牌坊

山重水复疑无路　错字辨惑篇

▲原大生码头牌坊

　　然而令人好生奇怪的是，不知为何，堂堂的状元郎张謇将却"码头"写成了"马头"，同时"马"（"馬"）字下面也只有三个点。

　　关于"馬"字下面的三个点，当地流传着两种版本的说法。一种说法是，大生纱厂开机后，翁同龢的侄子由常熟来祝贺，张謇带他参观码头的牌楼，他看到"馬"字只有三点，便问为什么？张謇长叹道："厂机虽已转动，唯以资金困乏，周转欠灵，一似此马之仅有三足。欲超轶绝尘，良难，良难！"翁同龢得知这个消息后，就帮助张謇筹措资金，支持大生渡过难关。

　　另一种说法是，张謇在给新造的码头牌楼题字时，身边人发现"馬"字下面只有三个点，便提出疑问，张謇风趣地答道："造个码头，拢船停车堆栈卸货，主要图个稳，'馬'有四只脚栓拦不住，岂不是要跑的吗？我这个'馬'字三个连点，像三根穿了铁链子的桩子，又好比船上的三脚铁锚儿，稳扎牢靠得很呐！何况，近看是三连点，远看就成一条线，到码头来装卸货物的车主、船老大是不会在意的，也不会和我们为'馬'字少一点而来斤斤计较的。"接着张謇又说道："写字，贵在立意、言志；办事，要求稳扎、牢靠。"从此，"码头三只脚，才稳"，便成了流传南通的一句老话。

　　上面的说法都有鼻子有眼，充满了"细节真实"，让人不能不信。我们权且将"馬"字的三点放下，先谈谈张謇为何将"码头"写作"马头"。

　　其实，张謇所题"马头"并非孤例。在离南通不远的扬州天宁寺旁还有个"御马头"（见下页图），碑上刻的也是"马头"。2011年12月17日《扬州晚报》

错字的尖叫

刊登《信步闲庭御马头》一文,对"御马头"进行了一番考证——

> 御马头,顾名思义,是皇帝登舟游湖的始发地。据说康熙南巡,曾在天宁寺行宫居住,出了行宫,便从这里登上龙舟,沿水路游览扬州风光。值得一说的是,凡船只停靠之所,今称为"码头",而石碑上镌刻的"御马头"之"马"并没有"石"旁,只是一个"马"字。其中之义,是因为过去马匹过河,均在水边登舟,故曰"马头"。后来人们因为马头多用石头砌成,才写成"码头"。御马头三字,正是古风的遗存。

在百度百科中,关于"御马头"的得名是这样解释的:"因为皇帝的脚下不能有任何障碍,因此御码头的'码'去掉了石字旁。"

其实在古代,"码头"就写作"马头"。《资治通鉴·唐穆宗长庆二年》中有:"又于黎阳筑马头,为渡河之势。"宋元之际的史学家胡三省注曰:"附河岸筑土,植木夹之至水次,以便兵马入船,谓之马头。"参照胡三省的注解,可知《扬州晚报》对"马头"一词的解释大致不错,而百度百科则颠倒了"马头"和"码头"的先后顺序。

▲扬州天宁寺"御马头"碑

在扬州古运河东岸的邵伯镇还有一处"大马头"牌楼(见下页图,按清代原样重修)。清康乾时期,扬州邵伯是运河线上南北物资的集散地,沿河有二十余座码头,其中尤以大马头为最。至今,我国仍有多个叫"马头"的地方,绝大多数就是过去的码头。如山东省郯城县有个马头镇,该镇地处沂河岸边,自古水陆交通便利故名"马头";河北省邯郸市也有个马头镇,因地处滏阳河腹地,为古代漕运的物资集散地而得名。

好了,下面我们再谈谈这个三点的"馬"字。在古代,这种写法在行书中很常见,在楷书中也偶有出现(如下图中赵孟頫《续千字文》中的"馬"字),并非张謇所创。

▲扬州邵伯"大马头"牌楼

(宋)米芾　　(元)赵孟頫　　(元)王蒙

(明)唐寅　　(明)张瑞图　　(清)张照

其实,张謇所写的"三条腿的马"与前面讲过的康熙御题的三点水的"魚"字①一样,都是书法中简省笔画的一种写法,没有必要大惊小怪。我想翁同龢的侄子断不会少见多怪地提出那种幼稚的问题,而作为晚清书坛重镇的翁同龢更不会信以为真,上这"三条腿的马"的当!

另外,从史实考察,上述说法也不能成立。现在重建的大生码头牌坊,两面横额上都镌刻着"大生马头"。而原大生码头牌坊两面横额上的题字却并不相同,临河的一面是"大生马头",朝着大生纱厂大门的另一面则是"利用厚生"。在"利用厚生"旁落有年款:"光绪三十二年丙午冬月"。光绪三十二年冬月应为1906年农历十一月,而此时距翁同龢(1830—1904年)辞世已有两年,故而上述说法有"关公战秦琼"之嫌。

---

①见《康熙为何写三点水的"魚"?》一文。

风雨沧桑话"国"字

▲南京"太平天国历史陈列"门匾

参观过南京太平天国历史展览馆的游客,如果稍作留意,便可发现由郭沫若先生题写的"太平天国历史陈列"门匾上,"国"字少了一点,写成了"囯"。据导游说,这是因为郭沫若对洪秀全没有继续进军,使"天国"不完整,深为惋惜,故而有意把"国"字少写了一点。

此说甚谬。因为在太平天国的相关文献中,"国"字都是少了一点。下页图为太平天国的诰谕,以及洪秀全、石达开铸造的"天国圣宝"钱①,其"太平天国"的"国"字,均为少一点的"囯"。我想,作为著名历史学家和古文字学家的郭沫若先生之所以这样写,是出于对历史及太平天国的尊重吧。

---

① 太平天国的货币除初期名为"通宝"外,其余的均称"圣宝"。"圣"字取意于耶稣为救世主的宗教纲领,故太平天国的圣库、圣粮、圣兵等均用"圣"字,钱币亦然。

山重水复疑无路　错字辨惑篇

▲ 太平天国诰谕

▲ "天国圣宝"钱

然而，又有人认为，"国"字是洪秀全所造，他认为普天之下，上帝最大；四境之内，唯王最大，以彰显其"王者当国"之意。这种说法与其说是诠释汉字，毋宁说是在评价太平天国的施政体系，已超越了太平天国施政者们对"国"字的理解了。其实，"国"字并非始自太平天国时期，早在宋代便开始流行。我国很多汉字向来就有正、通、俗之分，"国"即为"國"的俗字。在辽僧行均撰写的《龙龛手鉴》中已将"国"列为"國"的俗字；另外，明末张自烈撰写的《正字通》以及《宋元以来俗字谱》[①]中也都收入了"国"字。如明代唐伯虎的《落花诗册》中就使用过这种写法（见右图）。

▲（明）唐伯虎

[①] 1930年中央研究院历史语言研究所出版，是研究宋元明清简化汉字的重要资料。

错字的尖叫

另一实物证据是安徽绩溪胡氏宗祠左厢里的一口大钟（见下图），该钟铸于明嘉靖年间，上有"国泰民安"四字铭文，使用的也是这种无点的"国"字。当地流传的说法是，"国"字里面少一点，这一点移到"民"字[①]上头了。认为这是别有寓意的有意之错：嘉靖皇帝任意挥霍，国库空虚，民不聊生，故民间有歌谣说"嘉靖嘉靖，家家皆净"。"国泰民安"的错字，意思是要实现国泰民安，国家就要少收一点税，多给农民一些实惠。知道了"国"字的由来，我们只能报以一笑。

还有一种版本的"国"字少一点，却是出在繁体的"國"字上。

在杭州西湖岳庙精忠园的照壁上，有"尽忠报國"四个擘窠大字，其中的"國"字也少了一点（见左下图）。如果您不注意，导游也会提醒您的，因为这是导游词中必不可少的部分。导游会告诉您，这是因为当时南宋的国土被金人占领了，尚不完整，所以就少写了一点，有暗喻国土沦丧的意思。

我们知道，南宋画坛上有著名的马远和夏圭，与北宋大山大水的全景山水不同的是，他们的山水画多取特写镜头式的近景，侧重描绘山川奇秀的一角，以暗指南宋小朝廷偏安一隅的"残山

▲绩溪胡氏宗祠大钟"国泰民安"铭文

▲杭州西湖岳庙"尽忠报国"照壁

[①] "民"字的戈钩在古代多与上通，这种写法来源于"民"的金文 ，是以锥刺眼之形，其本义原指奴隶。

剩水"，怀念故国的大好河山，因此被称作"马一角"、"夏半边"。"國"字少一点似与此有异曲同工之妙。

岳王庙和岳王坟建于南宋，而"尽忠报国"四字为明代莆田人、浙江参政洪珠题写。如果上述说法成立，那就是洪珠有意漏写，以讽喻不思进取的南宋小朝廷了。然而，洪珠的这种写法确有所本，并非个人独创。

下左图的例字出自著名的东汉《张迁碑》，可以看出两个"國"字都少了一点。

以上是隶书，下右图是隋代《董美人墓志》中的"國"字，看来楷书也有这种写法。

▲（东汉）《张迁碑》　　　　▲（隋）《董美人墓志》

至于洪珠为何要取这种写法，我想可能是出于文字间架结构的考虑。由于是大字榜书，"國"字笔画又过于繁密，故采取唐代欧阳询《三十六法》中的"增减"一法，即"字有难结体者，或因笔画少而增添……或因笔画多而减省……但欲体势茂美，不论古字当如何也"。当然，书法创作中的"增减"一法有其自身的内在规律和约定俗成的法度，不能随便乱用，毕竟"國"字少一点于古有征①。

"國"字这种写法也受到了后世书家的青睐。如当代书法大家欧阳中石先生题写的"國泰民安"横批，其中的"國"字就没有点。

▲欧阳中石"國泰民安"书作

---

①另外，因朱元璋字国瑞，故"国"为明朝的避讳字，这也是"國"字少一点的原因。

既然谈到"国"字，还是让我们来一番探源寻踪吧。《说文解字》对"國"的解释为："邦也。从囗（wéi）从或"。《说文段注》则称："古'或'、'國'通用"。也就是说，上古时期"國"字可以写成"或"。关于这一点，我们可以从"國"字的甲骨文和金文字形中得到验证。

甲骨文 ⇒ 金文 ⇒ 大篆 ⇒ 小篆

著名甲骨学家董作宾对甲骨文"或"字有如下解释："或，邦也。口表示范围，一表示土地；戈，执干戈以卫社稷，表示武力，后来由许多小'或'合成大國，所以在或字外面再加上一个口。"

除了"或"外，"国"字还有一种古写法就是"囗"。《字汇·囗部》释曰："囗，古作国字。《商子》：'弱民囗强，囗强民弱，有道之囗，务在弱民。'古国字皆作囗。"

正是由于"國"字代表了国家权力机构，充满了政治敏感性和神秘色彩，所以历史上许多统治者都把目光投射到这个字上，挖空心思地要对它进行一番"改造"，然后再通过国家行政命令加以推广使用。除了上述太平天国改用"国"字外，武则天当皇帝后，当时幽州有一位书生，为了迎合讨好武则天，上书建言，说"國"字方框内的"或"很像"武"，有扰乱天象之嫌；而且"或"即"惑"，有不稳固之意，当今圣上姓武，是武姓之国，宜将方框中的"或"字改为"武"字，这样才可以上承天意，下孚民望。武则天看后十分高兴，马上降旨天下，将方框内的"或"改为"武"。过了不久，又有人上书说："把'武'字放进方框内，与把'人'字放入方框内成为'囚'字一样，有'武'氏被困之嫌，是不祥之兆。"武则天认为很有道理，又降旨将此字停用，改用"圀"字，作为国家之"國"字。①

据统计，武则天一共造了19个字，"圀"字便是其中之一。但实际上，"圀"字也是古已有之，并非"则天文字"。在南朝梁代顾野王撰写的《玉篇·囗部》中即收录此字，并注明："圀，古文國字"。汉代崔骃的《樽铭》中也有"献酬交错，万圀咸欢"的句子。看来，武则天只是复古而已。

另外，"國"字还有两种俗体写法，口内为"八土"或"儿歹"；另据《龙

---

① 上述武周朝两改"國"字的说法记载在明朝的《正字通》中。

尧手鉴》载,"國"字还有一俗字即囗内为"民",写作"囻"。但是,独有"圀"字得到了武则天的法眼垂青,这大概是因为囗内的"八方"更能体现武则天的政治远见和雄才大略吧。"圀"字在日本也曾使用过,现在仍作为古代人名用字保留着,如江户时代的大名德川光圀①。

最后再谈谈我们现在的通行简化字"国"。其实,这个"国"字也是古已有之。据清代梁同书《直语补证》考:"国、子、齐……,今市侩书之,皆起于宋,见孙奕《示儿编》云。"不过,"国"字还要早于宋代,在六朝碑文中,即已出现"国"字。下面是《书法字典》中收录的"国"字。

▲六朝碑文

玉在中国古代文化中具有至高无上的地位,既是珍宝财富、君子品德的象征,也是国家权力与地位的象征,所以国中应有玉。据文字改革专家叶籁士先生的《简化汉字一夕谈》②记载,1955年9月的《汉字简化方案修订草案》本拟把"國"字简化为"囯",但有编委会委员以现在是人民当家做主为由提出异议,最后通过"王"字加一点成"玉",这就是今天简化字"国"的由来。

---

① 德川光圀(1628—1701年),日本江户时代的大名,水户藩第二代藩主,父亲是水户藩第一代藩主德川赖房,祖父是江户幕府开创者德川家康。
② 语文出版社,1995年版。

辨"善"

"善"字是中国传统文化中具有美好寓意而频繁出现的字眼。无论是儒家的"止于至善",道家的"上善若水",还是佛家的口头禅"善哉善哉",都有劝人为善的意思。但我这里要讲的是书法中的"善"字。

关于"善",《说文解字》是这样解释的:

"䜌,吉也。从誩,从羊。"下面是"善"字的字形演变:

甲骨文	金文	篆文	隶书	楷书	行书	草书	标准宋体
佚276	骨文	善鼎	说文解字	会稽刻石	朝侯残碑	欧阳询	智永	怀素	印刷字库

可以看出,在小篆中,䜌是由两个"言"一个"羊"构成;在小篆转变为隶书的"隶变"中,隶书减去一个"言",并将篆文的"言"(言)简化成苦,便形成了善。

然而,在一些旅游景区的匾额上,"善"字的写法却发生了一些变化,往往被人指为错字。

走进有"天下巨商第一宅"之称的浙江杭州胡雪岩故居,可见正门横匾上有"勉善成荣"四个金底黑字,方正遒劲,上方钤有"同治御笔之宝"朱玺一方,四周雕有龙纹,光彩夺目。

下面是导游的介绍:"大家仔细看,'勉'和'善'两个字笔画中各缺了一笔。自古'名人笔下无错字',何况是皇帝的御笔呢?这其中所包含的缘由,自然意味深长。原来,'勉'、'善'之所以分别被少写了一笔,寓含着同治皇帝对胡雪岩的

▲胡雪岩故居"勉善成荣"匾额

勉励，意思是说：勤勉是永远没有止境的，善行也永远无法圆满，因此要时刻告诫自己勤勉不休，为善不已。"

可以看出，年轻同治帝的书法直接取法于"初唐四大家"之一的褚遂良。我们首先看这个少一笔的"勉"字，其实这只是"勉"的一种写法，并无任何寓意。下图是摘自褚遂良法帖中的"勉"字，可知同治帝是亦步亦趋地模仿学习。

▲（唐）褚遂良

而所谓"善"字少一笔，应指的是"善"字中间的两个点少了一点。其实在书法中，"善"字的两点常常可以用一点来代替。请看下面的例字。

（北魏）	（北魏）	（北魏）	（北魏）
《崔敬邕墓志》	《孟敬训墓志》	《司马显姿墓志》	《元详造像记》
（东魏）《敬使君碑》	（唐）颜真卿	（唐）写经	（清）郑簠

因此，所谓"善"字少一笔，是善行无法圆满的寓含也就不攻自破了。

另外，还有一种不同版本的"善"字少一点。在天津杨柳青镇，有华北地区保存最好、规模最大的晚清民居建筑群石家大院。其厅堂里挂有传为慈禧题写的"乐善好施"横匾。据说八国联军入侵时，石家曾出资为乡里办过善事，事后地方官极尽门路，居然得到了慈禧老佛爷的赐匾。但慈禧题字时动了一点心机，"善"字特意少了一点，还说什么"你虽然是乐善好施，但比起我来，还是差那么一点啊"。

▲石家大院"乐善好施"匾额

但据本人分析，上面这块匾额既非慈禧所书，也非出自代笔。该匾为一块素匾，既无宝玺，也无雕饰；同时"乐善好施"四字为魏碑体，也非宫廷惯用的馆阁体，故不可能出自皇家。再就是"善"字两点齐备，并没有少一点。

那么，怎么会出现"善"字少一点的说法呢？

大家看，"善"字上面为下端不出头的"羊"，此种写法在古代很常见（见下图），当地很可能是误将其中的一点当成了"羊"的出头竖，所以才有了"少一点"的说法。

（北魏） （隋）智永 （唐）欧阳询
《刁遵墓志》 《真草千字文》 《九成宫醴泉铭》

（唐）柳公权 （元）赵孟頫 （日本）
《玄秘塔碑》 《仇锷墓志铭》 日下部鸣鹤

从下面放大的图片中我们可以清楚地看到，"乐善好施""善"字的右点与"羊"的竖画并不在一条直线上。这是因为"善"的长横欹侧而向左倾斜，故两点相应左移以求得平衡。

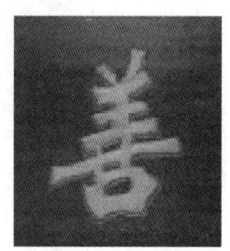

在书法创作中，常常会出现一个字有多种写法的情况，这与我们现在的简化字规范为一种写法很不相同。对此，我们要查阅有关的书法字典，不要一有不符，就轻率地认为是错字。

山重水复疑无路　错字辨惑篇

古人为何爱"缺德"?

在北京故宫筒子河北岸,立有一座2004年复建的大高玄殿牌坊,面向马路的外侧题额为"大德曰生"①(见右上图)。过往的细心游客和路人常常会发现,"德"字的"心"上一横没有了。

是复建时漏刻了,还是古人写的错别字呢?

在名胜古迹荟萃云集的古都北京,这种缺一横的"德"字,还经常会与人们的视线不期而遇。这其中,最著名的莫过于全聚德的店匾了。

历经140多年风雨的"全聚德"匾额,"德"字也缺了一横(见右下图)。

"全聚德"三字由清末秀才钱子龙题写。据说当时全聚德的老板杨全仁把钱子龙请来,两人开怀对饮,钱秀才由于多喝了两杯,精神有些恍惚,一不留心,"德"字便忘写了一横。

还有一种说法,称当时杨全仁创业时,一共雇了13个伙计,加上自己共14人。为了让大家安心干活,同心协力,所以让钱秀才少写了一横,表示大家心上不能横一把刀。听到这儿,您也许会纳闷:那加上一横,不是也可以表示一

▲大高玄殿"大德曰生"牌坊

▲"全聚德"匾额

①典出《周易·系辞传》:"天地之大德曰生。"

心一意吗？

其实，上述说法都是无稽之谈。因为在古代，"惪"为"德"的俗字。《汉语大字典》即收入"惪"字。《宋元以来俗字谱》称："'惪'，《列女传》、《金瓶梅》等作'德'"。

这种对于"德"字的困惑和质疑在全国屡有发生。2006年，四川阆中市重建阆苑十二楼之一的中天楼，特从北魏《郑文公碑》中集成"厚德载物"四字，制成匾额悬于中天楼上（见下图）。有游客认为，这个缺一横的"德"字是个错字，特向媒体"投诉"。2007年6月22日《成都商报》以《游客眼尖：中天楼牌匾有错？》为题加以报道。

▲阆中中天楼"厚德载物"匾额

无独有偶。2012年2月10日，南京《金陵晚报》刊登文章《书法家里"文盲"多？为何风景区匾额"错别字"频出》，文中提到了南京朝天宫的"德配天地"牌坊，由晚清名臣曾国藩题写的坊额中，"德"字缺了一横，有读者指出"应该是一个错字"。

▲南京朝天宫"德配天地"牌坊

同样是"德配天地"四字，在有"中国第二大孔庙"之称的云南建水文庙，其"德配天地"牌坊上的"德"字也缺了一横。

▲建水文庙"德配天地"牌坊

还有道教圣地江苏镇江茅山风景区，其元符万宁宫（又称印宫）的大门内侧，左镌"明道"，"明"字多一横；右刻"立德"，"德"字"心"上的一横没有了。

▲茅山元符万宁宫的"明道"、"立德"门额

对于这多一横、少一横，茅山道教文化研究室的人是这样解释的：世事繁复多变，要看得清清楚楚，就要多一分努力、多一点琢磨、多一分心思，所以"日"中多了一横，也就是通俗歌曲所唱的"借我一双慧眼吧"。这样就能明白真正的"道"，而不至于被事物的表象蒙蔽，避免一知半解或是非不分[①]。

---

① 关于"明"字，参见《为"出现最多的错字"平反》一文。

人生风风雨雨、荣辱浮沉,但加强自我道德的修养,是一生的要义,要立德于世。这是一个漫长而艰难的过程,是极不容易的一件事。所以"德"中少了一横,就是要人不断修炼,积德几十年甚至一辈子,才能将那一横补上。正可谓:路漫漫其修远兮。

上述说法头头是道,颇能迷惑一些游客,其实连最起码的文字学常识也没有,天一脚地一脚的,生拉硬扯,充满了主观随意性。

另外,这种缺一横的"德"字还出现在地名中。在古称顺德府的河北邢台,其清风楼拱券门上的"顺德府"门额(见下图),题镌的就是这种缺笔的"德"字。

▲邢台清风楼"顺德府"门额

不仅古人爱"缺德",今人也有此好。在河北承德火车站,可见到由前佛教界领袖、书法家赵朴初先生题写的"承德站","德"字也缺了一笔。2013年初,有网友指出"承德站"的"德"字是错字,并为该字没有进入"历史上绝妙的错字"排行榜而愤愤不平。

▲承德火车站"承德站"标牌

其实在古代,这种缺笔的"德"字要远远多于不缺笔的"德"字。下面是《书法字典》中收录的楷书"德"字,我们看到,19个"德"字中,加横的仅有3例。

关于"德"字,《说文解字》解释为:"德,升也。从彳(chì),悳(dé)声"。《说文解字》另有"悳"字,释为:"悳,外得于人,内得于己也,从直从心"。

古人为何爱"缺德"?其实,这是有文字学依据的。从下面"德"字的字形演变我们可以看出,在甲骨文、金文中,"德"字均没有一横。篆书基本上承续了金文德的字形,但在"直"与"心"之间误加一横,写成了德。

古人为何喜"少慧"？

在内蒙古呼和浩特市，有一座我国目前仅存的高级武官衙署——绥远城将军衙署，穿过将军升坐的大堂，便来到了将军办理日常公务的二堂，抬头可见二堂正门门楣上悬有一方"安民则惠"匾额。

▲绥远城将军衙署"安民则惠"匾额

"安民则惠"匾额为我国当代书法家康庄先生所题，四字中规中矩，并无任何特异之处。但是，当地导游却有着另类的解读："惠"字上少一点，"民"字上多一点，原来"惠"字的一点加到"民"字上去了，意思是多给人民一点实惠，社会就能安定。

有的导游还将"安民则惠"念成了"惠则民安"，这似也说得通。其实，"安民则惠"出自《尚书·皋陶谟》中记载的大禹讲过的话："知人则哲，能官人；安民则惠，黎民怀之。"意思是能保一方平安就是给百姓的恩惠。南宋学者蔡沈注曰："惠，仁之爱也。又恩也。"现在的福建省惠安县即

山重水复疑无路　错字辨惑篇

得名于此。据明代《福建郡县释名》"惠安县"条称:"宋名,本晋江县地,太平兴国中陈洪进纳土析置惠安,安民则惠之义也。"

虽然今天人们对这种减少笔画的"惠"字颇有些少见多怪,但在古代却是司空见惯浑闲事。在南京总统府景区的两江总督署大堂内,悬有一方乾隆皇帝御笔亲题的"惠洽两江"匾额,是乾隆南巡时题赐给两江总督尹继善的。

左图中,"惠洽两江"匾额上的"惠"字少了"厶",导游介绍说这是乾隆皇帝故意写错的,其意在于:"惠"不要太臃肿,宁肯少"一点",也要保证全民共享,不与民争利。

▲两江总督署大堂"惠洽两江"匾额

导游的解释似有乾隆督责尹继善之意。其实,"惠洽两江"是乾隆对尹继善的褒奖。为此,我们要简单了解一下尹继善其人。尹继善(1695—1771年),满洲镶黄旗人,曾四任两江总督,前后长达三十年。初任时只有三十岁,人称"小尹"。"两江"是指当时的江南省(辖安徽、江苏两布政司)和江西省。尹继善视两江为故乡,处事公正,不妄杀人,百姓"每闻公来,老幼奔呼相贺"。"惠洽两江"即称颂尹继善为官两江,造福一方。

在笔者工作过的安徽省淮北市,有一通乾隆皇帝御书的"惠我南黎"碑(见右图),矗立在相山南麓的显通寺中。其"惠"字写成了"恵",当地也流传着

▲淮北显通寺"惠我南黎"碑

相似的说法。看来，乾隆皇帝很喜欢写这种减笔的"惠"字。

不仅乾隆，他的玄孙光绪帝也有此好。河南武陟县万花庄有座青龙宫，在其拜殿中门的屏风上方悬有一块光绪皇帝御赐的"惠普中州"匾额。据载光绪三年，河南大旱，民多饿死。掌管彰、卫、怀三府二十四县的河北道台便率领所属亲赴青龙宫祈雨，果然甘霖大作，救了一方百姓。后河道总督将此事上报朝廷，光绪帝十分高兴，特书"惠普中州"四字相赐。

▲武陟万花庄"惠普中州"匾额

但当地却认为，光绪所书"惠普中州"匾额中，"惠"字少了一横一点，成了"亩"下一心，表示皇帝心系天下田亩；普字中间写成了草书"水"字，代表雨露对苍生的救济；无边的匾额，寓意龙王之恩浩大无边。

其实，上述说法都是毫无根据的谬妄之论。"惠普中州"的"惠"字并非"亩"下一心；"普"字中间也并非什么草书"水"字，而是行书的一种写法；此匾一看就是后人拙劣粗糙的复制品，至于原匾何样，是否素匾，也还是个疑问。

最后，我们再谈谈这个"惠"字。《说文解字》将其收入"叀部"，释义为："𢟙，仁也。从心从叀。"南唐徐锴注曰："为惠者，心专（专）也。"也就是说，"惠"为"心"、"专"组成的会意字，并由此引申为"仁爱"之意。对于"叀"下的"厶"，古人常常略而不写。在下面的例字中，王羲之的楷、行书都使用这种减笔的"惠"字。

（东汉）　　　　　（东汉）　　　　　（东晋）
《西狭颂》　　　　《曹全碑》　　　王羲之《乐毅论》

（东晋）　　　　　（北宋）　　　　　（北宋）
王羲之《兰亭序》　蔡襄《扈从帖》　米芾《惠柑帖》

  本文所谈的"惠"字，与前文所讲的"碑"、"德"、"藏"、"愧"等字一样，都是汉字简化过程中舍简取繁、舍正取俗不应有的失误，这不仅造成了一些汉字书写的繁难，而且导致了文化的割裂。这样的汉字还有很多，在利害的权衡上有欠斟酌，取其所不当取，弃其所不当弃，从而造成了文化上的永久遗憾。

想说"第一"不容易

在我国的旅游景区中,有众多以"第一"命名的景点,诸如"第一山"、"第一泉"、"第一陵"等等。但是,对于镌刻在碑石或摩崖上的此类文字,很多游客却是想说"第一"不容易。

云南石林有处人气最旺的所在,只见一块笔直高耸的巨石巍立云表,上面镌刻着"天下弟一奇观"六个大字。很多游客对其中的"弟"字感到莫名其妙。

"天下弟一奇观"是 1936 年由国民政府云南省民政厅厅长张维翰(1886–1979 年)所题。民间就这个"弟"字有多种说法,流传最广的一种认为:岩溶地貌真正的天下第一奇观在南斯拉夫,石林只能屈居小弟,故书写者改"第"为"弟"。

▲云南石林"天下弟一奇观"摩崖刻石

山重水复疑无路　错字辨惑篇

大家知道，岩溶地貌又称喀斯特地貌。"喀斯特"（Karst）原是南斯拉夫西北部伊斯特拉半岛上的石灰岩高原的地名，因那里有发育典型的岩溶地貌，故"喀斯特"一词成为岩溶地貌的代称。但我国是世界上对喀斯特地貌记述和研究最早的国家，早在晋代即有记载，其中尤以明代的《徐霞客游记》记述最为详尽。同时，中国喀斯特地貌分布之广，类型之多，举世罕见，并不亚于南斯拉夫，故而早在1966年我国第二次喀斯特学术会上，即将"喀斯特"一词改为"岩溶"。

其实，"天下弟一奇观"者，"天下第一奇观"也。在古汉语中，"弟"与"第"相通，《说文解字》中有"弟"而无"第"。许慎对"弟"的解释为："𢎨，韦束之次弟也。"意为用牛皮缠绕的次序。在《吕氏春秋·原乱》中有："乱必有弟。大乱五，小乱三。"可见，"弟"为"第"的初文，"第"是后起字，"弟"的义项后由"第"替代。在左图这幅杜甫《赠卫八处士》诗中，于右任先生就将"不识南塘路，今知第五桥"的"第"写成了"弟"。

以上是"第"在文字学上的使用。在书法创作中，"第"字还常常写成草字头，如今在全国不少地方都有北宋著名书法家米芾题写的"第一山"石刻，诸如泰山（见下页上图）、华山、峨眉山、庐山秀峰、武当山、终南山、清源山、鸡足山、钟秀山、狼山、卦山、吴山、乌山、丹山、谷山、横塘山、集云山、紫霞峰、少林寺、南郭寺、万圣寺，以及福州第一山、莆田第一山、盱眙第一山、温州第一山，等等。各地的"第一山"都有自己的证据，大家都在拼抢米芾的知识产权，纷纷说人伪我真，只有自己才是名副其实的"第一山"。

▲ 于右任《赠卫八处士》行书条幅

▲泰山岱庙内的米芾"第一山"石碑

从上图我们可以看出,米芾将"第一山"的"第"的竹字头写成了草字头,很多游客都以为是错字。类似的情形还发生在对"天下第一关"的辨识上。

在"两京锁钥无双地,万里长城第一关"的山海关东门箭楼上,悬有"天下第一关"巨匾(见下图)。当地人认为,"天下第一关"这五个字与我们平时写的字不一样:"天"字上面一横长,"第"字是草字头。导游解释说,"天"字上面一横长意思是天在上,广袤无边,覆盖着大地;"第"字写成草字头,是因为明朝的开国皇帝朱元璋是个草根皇帝。

▲山海关"天下第一关"匾额

其实,"天"字上面一横长,完全是书法创作的需要,并无任何象征意义。这种写法在古代碑帖中时有出现。下面是中国书法史上的代表性书家唐代李邕和元代赵孟頫所写的"天"字,上横都比下横长。另外,当代书法大家欧阳中石先生几乎所有的"天"字都是上横长、下横短,这已成了他的书写习惯。

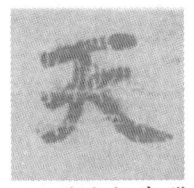  

▲（唐）李邕　　▲（元）赵孟頫　　▲（当代）欧阳中石

我们再看这个草字头的"第"字。在古代，一些竹字头的字通常都可以写成草字头。古代碑帖中，"第"的这种写法非常普遍，在隶、楷、行、草诸体中都有使用。在下面的例字中，除最后一个外，其余的均为明代以前的书家所书，显然与朱元璋是不是草根皇帝没有任何关系。试想，如果书写者真的胆敢隐射朱皇帝的话，那就有十个脑袋也要搬家的，此匾恐怕也早就焚毁而无存了。

（西汉）《武威简》　（东汉）《乙瑛碑》　（北魏）《张猛龙碑》　（北魏）《元怀墓志》　（北齐）《泰山经石峪》　（隋）《董美人墓志》

（唐）孙过庭《书谱》　（唐）颜真卿《颜勤礼碑》　（宋）米芾《多景楼诗》　（宋）吴琚《寿父帖》　（元）赵孟頫《福神观记》　（明）文徵明《行书自作诗》

"天下第一关"笔势遒健，气象恢弘，与山海关箭楼和险峻的关隘相映取势。但无题无款，仅有五个大字。至于这五字究竟为何人所书，五百年来，始终是聚讼纷纭，莫衷一是。或曰为明代奸相严嵩（1480—1567年）所书，或曰系明成化八年（1472年）山海卫人、进士萧显（生卒年不详）所题，因二人书法传世极少，难以参比，加之研究者各持己见，故长期未有定论。最近又有人根据1934年出版的《榆关抗日战史》和日本人提供的上世纪三十年代"天下第一关"的照片，称日军已将严嵩所题木匾劫送东京，现悬挂于山海关的"天下第一关"匾额乃萧显所书，并称："幸运的是，留守的是忠臣萧显，远出国门的是首奸严嵩的木匾"云云。不过本人觉得还是不要遽下断语为好，因为从目前流传下来的明确为严嵩所题的坊额、牌匾来看（见下页图），倒与"天下第一关"的书风颇合符契。

严嵩的书法圭角外露，有一种舍我其谁的骄矜之势，绝非一般馆阁体书写者所能企及。另外，题"天下第一关"者，必当时天下书法第一人也，更何况又是气焰熏天的当朝首辅呢?据说清朝顺天府贡院悬有一块严嵩题写的"至公堂"匾额,乾隆甚觉不妥,一直想把它换掉,便命满朝书法出色的官员试写这三个大字,自己也私下写过无数遍,最后竟发现都不如严嵩的字,于是只得让这个大奸臣的字留在了原处。记得早些年也曾有人质疑严书,著名书法家、古文字学家康殷先生笑道:"你可以怀疑是否某忠臣的墨迹,却罕闻有怀疑某奸佞墨迹的事。譬如说某人如何美如何好,因未必尽然,可以信三分。但是,如果说是大奸臣严嵩写的,你得信九分。如果不是,早有英雄豪杰夺名而去了。"

▲北京东岳庙琉璃牌楼上的"永延帝祚"(严嵩题写)

山重水复疑无路　错字辨惑篇

"琅琊"变身几不识

提起书圣王羲之的故乡，可能很多朋友会以为是浙江绍兴。绍兴有著名的书法圣地兰亭，东晋永和九年（353年）三月初三日，王羲之邀请41位文人雅士在兰亭举行了曲水流觞的盛会，写下了被誉为"天下第一行书"的《兰亭集序》。其实，王羲之的祖籍地是距绍兴以北800公里古称琅琊郡[1]的山东临沂，同时临沂还是王羲之出生和幼年生活过的地方。

西晋惠帝太安二年（303年），王羲之出生在琅琊郡的名门望族[2]，西晋永嘉元年（307年），年幼的王羲之随家族南迁至会稽山阴（今浙江省绍兴市）。王家"衣冠南渡"后，为了保护老宅，便舍宅为寺，之后佛寺几经易名也几度兴废，现在临沂的普照寺附近，便是王羲之幼年时的故居所在地。

如今在临沂市兰山区，已恢复重建了王羲之故居及其附属建筑。如曾经享誉齐鲁的琅琊书院，门匾上的"琅琊书院"四字，即用王羲之《圣教序》[3]的字体仿写。

可是令人奇怪的是，琅琊书院匾额上的"琅琊"却写成了"琅邪"，

▲临沂"琅邪书院"匾额

---

[1] 琅琊郡为秦朝三十六郡之一，治所在今山东胶南市琅琊镇夏河城，辖山东半岛东南部。
[2] 即琅琊王氏，中国古代最知名的家族之一，开基于两汉，鼎盛于魏晋，南朝以后走向衰落。
[3] 《圣教序》，全称《大唐三藏圣教序》，为唐怀仁集王羲之行书而成，唐咸亨三年（672年）十二月刻成。

而琅琊书院的介绍牌上（见下图），又清楚地写着"琅琊书院"。

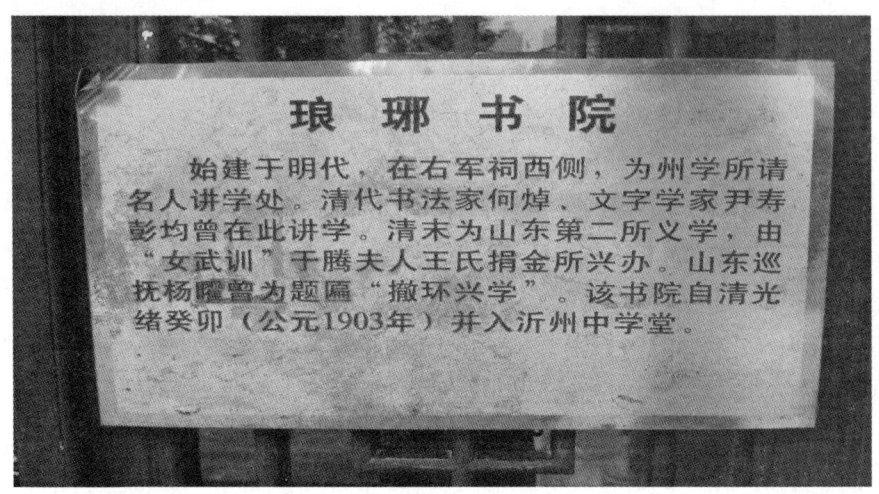

▲琅琊书院介绍牌

然而还没有完，在新落成的右军祠的门楣上还悬有一方"琅玡首望"匾额，"琅琊"又写成了"琅玡"。

▲右军祠"琅玡首望"匾额

三种"琅琊"写法，到底哪个对？这究竟是古时就有的写法，还是后人的笔下之误？对此，很多游客如堕五里雾中。

查阅东汉许慎的《说文解字》，发现既无"琊"，也无"玡"，只有个"邪"

字。《说文解字》中对"邪"的解释是:"邪,琅邪郡也。从邑牙声。以遮切。"这样我们就知道了,"琅琊"最初的写法应为"琅邪","邪"读作yé。

由"邪"字收在《说文·邑部》可知,"邪"的右耳旁应为"邑",而"邑"的本义是人群聚居的地方,用于国名、地邑名、封地名,也就说"邪"本来就是地名专用字。后来"邪"被假借表示邪正的"邪",其本字"衺"反而很少使用了,这个字的意义干脆就由"邪"来代替。

知道了"邪"字的由来,我们也就豁然明白了为什么三联书店出版的《簪缨世家》一书(见上图),其副标题要写作"六朝琅邪王氏家传"了。

▲《簪缨世家——六朝琅邪王氏家传》

那么,"琅邪"为何又写成"琅琊"呢?清段玉裁在《说文解字注》中揭出谜底:"按汉碑琅邪字或加玉旁,俗字也。"原来,"琊"这种加斜玉旁的写法,为"邪"的俗体字,出现在汉碑中。

至于"琅玡"的由来,本人目前尚未查到相关资料。我想,大概应是"琅琊"的简省写法。因"琊"的右耳旁"邑"表地名,"琅琊"又为专有名词,故去掉"琊"的右耳旁不会造成歧义。如古人因"衚衕"书写繁琐,就简写成了"胡同"。

因此,"琅琊"一词可以有三种写法,"琅邪"和"琅玡"均不是错别字。

除琅琊郡外,"琅琊"一词还出现在山名和刻石名中。《汉语大词典》在"琅琊"词条①中是这样解释的:①山名。(1)在今山东省诸城市东南海滨。《史记·秦始皇本纪》:"南登琅邪,大乐之,留三月。"(2)在今安徽省滁州市西南。西晋伐吴,琅邪王司马伷曾率兵驻此,故名。宋欧阳修《醉翁亭记》:"环滁皆山也,其西南诸峰,林壑尤美,望之蔚然而深秀者,琅邪也。"②指秦琅琊刻石。金松岑《文学观》:"碑之《泰山》、《之罘》、

---

①见《汉语大词典》(普及本)第1435页,汉语大词典出版社,2000年8月第1版。

错字的尖叫

《琅琊》、《会稽》。"

由此我们知道,"琅琊"一词的三种写法还适用于山东诸城琅琊山、安徽滁州琅琊山以及琅琊台刻石的名称中。

然而,令人颇感诧异的是,在安徽滁州琅琊山风景区的大门上,却赫然出现了"琅耶山"三字,右侧落款为苏轼。按照前面的说法,琅琊山还可以写作"琅邪山"或"琅玡山"①,为何又冒出了个"琅耶山"来?莫非还有第四种写法?对此,很多游客表示困惑和不解。

2006年3月15日,安徽《江淮晨报》根据读者热线反映刊登了《琅琊山变成"琅耶山"?专家解说:"耶"是通假字》一文,江淮晨报记者就此分

▲滁州琅琊山风景区大门

别采访了琅琊山风景区管委会和安徽大学中文系古汉语专业的徐在国教授。据记者称,琅琊山风景区管委会有关同志说"耶"和"琊"可能是通假字,而徐教授也认为:"耶"这个字在古代的确是"琊"的通假字。

其实,上述说法不够准确,"耶"并非与"琊"通假,而是"邪"的通假字。唐颜元孙的《干禄字书》中注明"耶通、邪正"。清段玉裁在《说文解字注》中交代了"耶"字的由来:"(邪)近人隶书从耳做耶,由'牙'、'耳'

---

① 2011年安徽高考语文试卷曾将"琅琊山"写成"琅玡山",很多人以为是错字。

相似。"原来,"耶"是"邪"在隶书中的误写,以致后来"耶"和"邪"也通假了,这在汉字中被称作讹体字。

但是,"邪"与"耶"通假,琅琊山就可以写作"琅耶山"吗?我们知道,"邪"、"耶"在作助词时可以通用,而琅琊山是专有名词,同时历史上也并无"琅耶"的记载,如果琅琊山可以写作"琅耶山",那么王羲之的故乡琅琊郡岂不也可以写成"琅耶郡",琅琊台也可写作"琅耶台"了吗?对此,当地还流传着一种说法,认为这是苏东坡醉时所题,错把"琊"字写成了"耶"。

那么,苏轼题写的"琅耶山"是怎么来的?从景区大门上"琅耶山"三字左起可以确断,定是今人集的苏体字。比对一下就可以发现,应摘自醉翁亭景区宝宋斋内由苏轼手书的《醉翁亭记》碑(见下左图)。

▲宝宋斋《醉翁亭记》碑

▲琅琊山风景区大门上的"琅耶山"

这样,一个棘手的问题就摆在我们眼前:究竟是大才子苏东坡醉酒写错字,还是"琅耶"确为通假字?在《醉翁亭记》碑的跋语中,苏轼记载了其书写欧阳修《醉翁亭记》的经过:"庐陵先生(欧阳修)以庆历八年三月己未刻石亭上,字画浅褊,恐不能传远,滁人欲改刻大字久矣。元祐六年,轼为颍州,而开封刘君季孙自高邮来,过滁,滁守河南王君诏请以滁人之意,求书于轼。轼于先生为门下士,不可以辞。十一月乙巳眉山苏轼书。"

由跋语可知,苏轼书碑的时间为北宋元祐六年(1091年)十一月,此时据欧阳修(1007—1072年)辞世已近二十年。如此,此碑当有近千年的历史了。

《醉翁亭记》碑是苏东坡著名的楷书四大名碑[1]之一,故历代极为宝重,成为书法爱好者所慕仰的金石珍品。惜碑石久历风雨剥蚀,尤其是经过太平天

---

[1] 另三碑为《罗池庙诗碑》、《表忠观碑》和《丰乐亭记碑》。

国运动和"文革"时期的两次破坏,碑上文字多已漫漶不清(见下左图)。1982年,琅琊山管理处按原碑规格进行了复制,今碑(见下右图)与古碑相比,除采用四碑单面刻之外(古碑为两块四面),基本保持了原碑风貌。

▲宝宋斋《醉翁亭记》古碑和今碑

但是,历史上对宝宋斋内的欧文苏字《醉翁亭记》碑却有颇多质疑,认为很可能是明初重刻。据南宋吴曾的笔记集《能改斋漫录》记载:"(北宋)崇宁二年,有旨:应天下碑碣牓额,系东坡书撰者,并一例除毁。盖本于淮南西路提点刑狱霍英所请。"①《醉翁亭记》碑亦当在除毁之列。明洪武八年十一月,宋濂游琅琊山时,见"醉翁亭,亭久废。名人石刻颇夥,兵后焚炼为垩殆尽"②。并未提及该碑。后明朝内阁首辅杨士奇在《滁州重修醉翁亭记》中称:"永乐庚子(1420年)冬,被召赴北京,过滁,登琅琊山,问醉翁亭,但见寒芜荒址,惟'醉翁亭'、'二贤堂'六字隐隐岩石间。……后六年,太仆寺卿天台赵君

---

① 见《能改斋漫录》卷十一 记诗"除东坡书撰碑额"。
② 见万历《滁阳志》卷十三 艺文 宋濂《琅琊游记》。

次进至。君素慕其贤,又知滁之人思公不忘也,出俸倡寮。及滁人复作醉翁亭,而刻公所为记,置亭中。"①

由上述记载可知,就在王诏立碑后不久,苏轼即被人谗陷下狱,王诏也受到牵连被罢官。当时朝廷下诏,将天下所有的苏轼题字悉数铲毁,声名远播的《醉翁亭记》碑当在劫难逃。故现在宝宋斋内的《醉翁亭记》碑应是明宣德年间(1426年)太仆寺卿赵次进组织工匠按原拓本重新刻制的,已不是原碑了。

然而,宝宋斋《醉翁亭记》碑并无重刻碑文的题记和跋尾,故有人认为否认此碑是宋代原物,似嫌证据不足。明崇祯年间宝宋斋的建造者太仆寺少卿冯若愚在《宝宋斋记》中就称:"丰乐碑毁于兵燹,近代重模入石。醉翁碑犹为故物,历五百余季"。明确指出《丰乐亭记》碑为明人重刻,而《醉翁亭记》碑乃是宋代原物。

不过几百年来有一个最直接的证据却被大家忽略了,苏轼手书《醉翁亭记》碑尚有宋拓本传世,显然应拓自原碑,可为这一千古聚讼定案。两相比对就会发现,宝宋斋内的《醉翁亭记》碑绝非宋碑,纰漏恰恰就出在"琅耶"二字上!

下面是北宋初拓的《醉翁亭记》碑,可以清楚地看到,苏轼原碑上写的是"琅玡"二字,并非"琅耶"。因此,想借苏轼之名为"琅耶"寻找根据的想法便落空了,"琅耶"为通假字一说也不能成立。

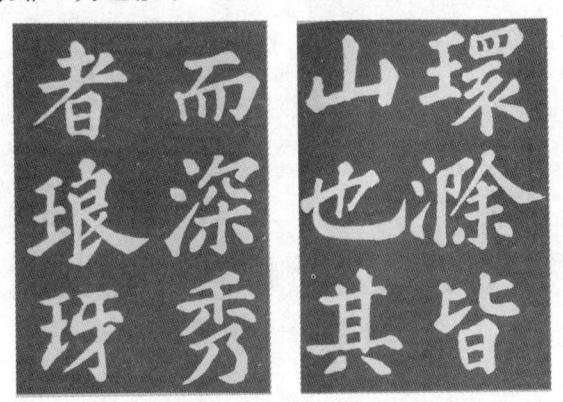

▲《醉翁亭记》碑北宋初拓本

至于宝宋斋内的《醉翁亭记》碑为何将苏轼原碑上的"琅玡"刻成"琅耶",是刻工手下之误,还是明初时有意为之,也许永远是个谜了。

---

①见万历《滁阳志》卷十三 艺文 杨士奇《滁州重修醉翁亭记》。

从"厦"字看古今人的不同心理

在北京王府井大街北端一个闹中取静的所在,坐落着20世纪50年代"北京十大建筑"之一的华侨大厦①。在酒店正堂入口处,四个潇洒流畅、气势不凡的行书大字"华侨大厦"颇为醒目,旁署:陈毅。

▲北京华侨大厦

北京华侨大厦是在著名爱国华侨领袖陈嘉庚的倡议下,经周恩来总理提议于1959年建成,陈毅元帅欣然命笔题写了"华侨大厦"四字。

然而,一些细心的游客常常会发现,陈毅元帅题写的"华侨大厦"的"厦"字多了一点,写成了"廈"(见下页图),会不会是个错字?

---

①现华侨大厦为1988年旧华侨大厦拆除后重建。

山重水复疑无路　错字辨惑篇

▲"华侨大厦"牌匾

这个多一点的"廈"字其实并不鲜见，在全国各地屡有出现。

2008年浙江海宁华联大厦重新装潢后亮相，出现在市民眼前的却是"華聯大廈"四字（见下图）。许多市民对"廈"字提出质疑，2008年11月24日《海宁日报》对此进行了报道。消息中有这样一段描写——

"妈妈，那个字是不是错别字呀？华联大厦的厦上怎么多了一点呢？"市民金女士昨天带女儿去华联购物，女儿发现了新装的"华联大厦"四个字，像发现新大陆一样地叫了起来。她看了那个字后告诉女儿说念"厦"，女儿却说不对，问她"厦"字上怎么会多了个点？这下，金女士说不出个所以然了。

▲海宁"华联大厦"牌匾

类似金女士的困惑不在少数。2010年3月30日，《辽沈晚报》刊登消息《招牌让人迷糊："厦"字上面多一点这字该念啥？》，文章称："最近很多

错字的尖叫

市民向本报反映,当他们路过市政府广场北侧的某科技大厦时发现,上面写着'某某科技大厦'(见右上图)。记者随机采访了10位过路的市民,他们看到楼体上的'廈'字时,都表示不认识这个字。"

2013年2月22日,又有网友"xingluren"报料称:"深圳龙华大浪一商业地标建筑上的'大厦'的'厦'字多了一点(见右中图),是个错字,有损形象。"

▲沈阳"××科技大厦"牌匾

除了大厦的"厦"字常多一点,这个"廈"字还出现在地名中。如厦门大学校徽上的"廈"字(见右下图)。

"廈"字为何多一点?答案其实既简单又明确:"廈"是"厦"的繁体字。

▲深圳"丰华大厦"牌匾

查阅《说文解字》,"廈"字却杳无影踪。但《说文新附》收入该字并作如下解释:"廈,屋也。从广(yǎn),夏声。"清郑珍《说文新附考》又对"廈"字考证如下:"古止作'夏'……盖'夏'有大义,故大屋谓之夏屋。俗加'广',以别'华夏'字。"故知"廈"的古文为"夏",音亦同"夏"。

然而,问题并非如此简单。翻开古代碑帖,却很少见到这种

▲厦门大学校徽

多一点的"廈"字，大量出现的却是现在的简化字"厦"，无论草书、行书还是楷书皆如此。

（唐）颜真卿　　（宋）苏轼　　（元）鲜于枢　　（明）法若真

（明）文征明　　（明）方以智　　（清）伊秉绶　　（清）刘墉

现在就出现了一个问题：古人基本上都写现在的简化字"厦"，而今人却偏又有好古之风，爱写繁体的"廈"字。古今颠倒为何由？

其实，"厦"字古时就有。查阅《汉语大字典》："厦"同"廈"。明张自烈《正字通·厂部》称："厦，俗廈字。"故而在古代，"厦"为"廈"的俗字，两者可以通用。但古人在日常书写中，却常常舍繁取简，舍正取俗，偏爱这个"厦"字。

仿佛时空来了个倒转，今人却对古人很少使用的"廈"字情有独钟。这种现象，也许只有从古今人的心理文化层面进行分析才能解答。我猜想，是不是加点后，"廈"字显得更加耸拔高峻，更符合现代高楼大厦的外观和气势？而那个平顶的"厦"字显得有些四平八稳，倒非常像古代的大屋顶建筑。

与此相类似的还有繁体的"鉅"字，不知从何时起，大受时下许多商家及房地产开发商的青睐，凡"巨献"必为"鉅献"，似乎加了个金字旁就代表了自身的实力，消费者也可以从中获金多多。其实在古代，古人很少写这个"鉅"字，却偏爱现在的简化字"巨"。据南朝顾野王的《玉篇·金部》载："鉅，大也。今作巨。"这又是一个古今大颠倒的经典案例，其中反映了古今人怎样的不同心理？或许是中国进入商品社会的一个绝佳注脚吧。

文字的古为今用现象还有很多，现代人会用全新的眼光对祖先遗留的文字瑰宝进行重新审视和发掘，说不定过段时间又有哪个繁体字"复活"了呢！

后　记

　　此书的出版是各种因缘际合的结果。

　　平生酷爱旅游，加之新闻工作之便，这些年去过许多地方。游览途中，常听到导游按照当下的文字符号系统，对景区内的碑刻、楹联或匾额上的题字进行辨识和解读，一有不符，便妄加揣测，或者武断地认为古人写错字，或者认为这样书写大有深意。更有甚者，还瞎编乱造，对书写者本人或书写对象进行戏说和污蔑，忽悠误导游客。相沿日久，以至积非成是，谬种流传。

　　在网络和平面媒体上，这种有关古人写错字的文章更是流传广布。诸如：《中国古迹景区内"著名错字"》、《历史上绝妙的错字》、《天下第一错字是什么字》、《中国五大著名错字》①、《用心良苦的错别字》②、《匾额中的著名错字》③、《风景名胜中的趣味残缺字》④、《古迹中，有些字"错"得有理》⑤、《西湖边一堆错别字？》⑥，等等。真可谓诬辞在世间而公论不在世间！更为荒唐可笑的是，这样的文章竟然堂而皇之地刊登在《国学》杂志上⑦。这不仅造成了汉字认知上的混乱以及今人对古人的误读，更是对民族文化的极大不尊重。因此感到如骨鲠在喉，不吐不快，必欲廓清而后释然。

　　本此想法，从 2012 年 11 月 13 日起，我在人民网的强国博客上连续发表了"名胜古迹'著名错字'辩诬"系列博文，从文字学和书法的角度对所谓的"错字"进行探根求源、辩诬洗冤，力求还历史于真相，还古人以公道。

　　那么，究竟是什么导致了今人对古人所写汉字的误读呢？大家知道，我们现在使用的简化字原则上一个字一般只对应一种字形，不需要两种以上的写法。但是汉字是一种具有几千年悠久历史的文字，在其发展演化过程中，有些字出现了两种以上字形，诸如假借字、古今字、异体字、繁简字等等。体现在书法

---

① 见 2011 年 5 月 23 日《北京晨报》；2012 年第 13 期《中外文摘》。
② 见 2013 年 3 月 8 日《老年生活报》"美文"版；2013 年第 4 期《小读者》。
③ 见 2012 年 7 月 11 日《甘肃日报》。
④ 见 2012 年第 24 期《作文周刊·小学六年级版》。
⑤ 见 2011 年 6 月 9 日《济南日报》"文萃"版。
⑥ 见 2007 年 7 月 13 日杭州《城市假日》。
⑦ 见倪方六《史上最有名的错字》，2012 年第 5 期《国学》。

后记

创作中就更为复杂了。同一个字，可以有不同的、众多的写法。因此又出现了便体字、碑别字、帖写字等等。古人这些遵守当时汉字基本规则的书写，与我们今天形体划一的简化字相对照，有些可能就出现了偏差，甚至是大相径庭。如果我们认为这是古人有意无意写下的"错别字"，可就大错特错了。

这组系列博文原计划写完15篇就打住的，没想到却得到了广大网友的积极回应和支持。一"游客"留言道："批评某些人的打胡乱说，一针见血，切中时弊，造福后昆，功德无量！"网友"云天有梦"说："先生的这种文章很好，对中国文化的传承和弘扬具有历史性的意义！"网友"石敢当"评价这组博文："文化厚重，论证精细。系列成组，语气稳重。"网友"三屯居士"提出建议："结集辨错，省悟学人，去伪存真，以飨后生。"网友"百里晴川"也说："建议先生将这个系列内容结集出版，以飨读者！！"另外，人民日报高级记者、杂文家赵相如还两次留言对我给以鼓励和嘉赏。

网友的热情关爱和支持极大地鼓舞了我，我决心继续写下去，并与人民日报出版社联系出书事宜。让我甚感欣慰的是，我已写就的15篇博文很快得到了出版社领导的认可。此时，台湾花木兰出版社也将于今年9月出版我的新闻学和书法两部学术专著，三本书齐头并进，困难可想而知。加之犬子尚幼，又分去了我很多的时间和精力。这是一段炼狱般的艰苦日子，我常常一天八九个小时枯坐在电脑前，感觉身体就像失去水分的花朵一样逐渐枯萎。而坚持下来的结果，便是有了呈现给读者朋友的这48篇文章。

这48篇文章，多是推翻陈说，无所蹈袭。在碑帖、文献资料等第一手材料的基础上，通过对所谓的"错字"进行辩诬，或为书写者和书写对象翻案洗冤，或破解历史文化之谜。惜本人游踪有限，有些省份只能付诸阙如，这不能不说是个遗憾。

由于本人能力水平所限，本书难免有一些疏漏和不足之处，敬请广大读者批评指正。

最后，感谢我的导师、首都师范大学中国书法文化研究院院长刘守安教授拨冗为本书作序！

杨立新
2013年9月9日
于北京通州运河源寓所